AF462556

Numéro hors série
et hors abonnement

Juin
Prix du numéro : Fr.

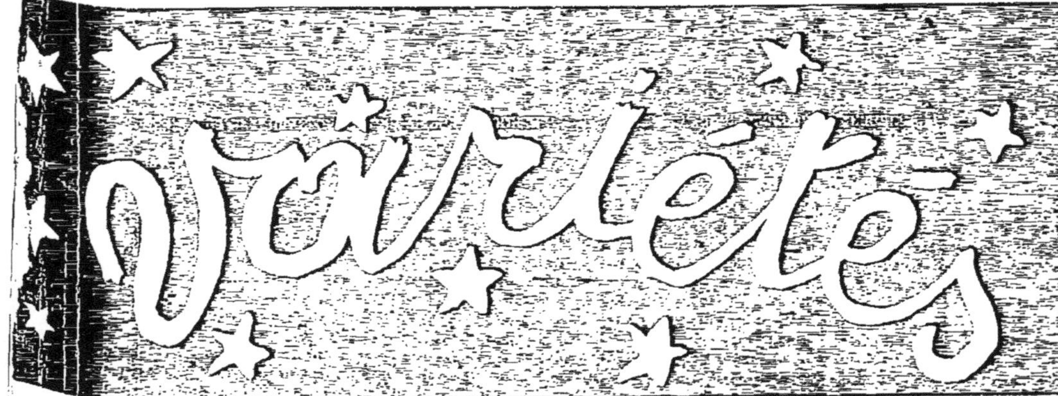

REVUE MENSUELLE ILLUSTREE DE L'ESPRIT CONTEMPORA

DIRECTEUR : P.-G. VAN HECKE

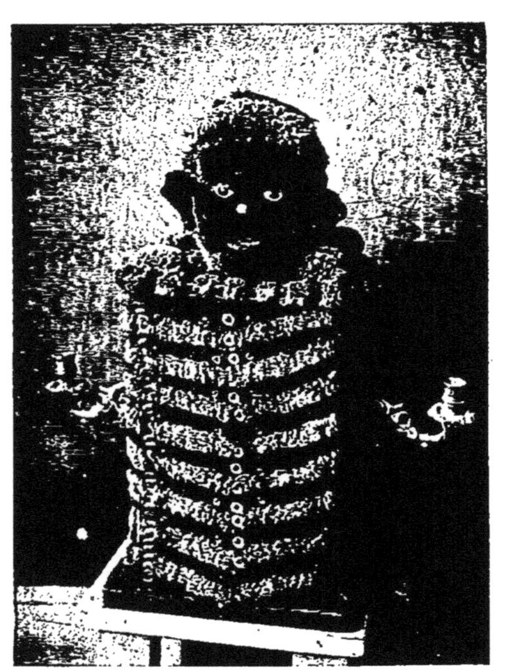

Le Surréalisme en 1929

EDITIONS «VARIÉTÉS» - BRUXELLE

A PARAITRE PROCHAINEMENT

ALBERT VALENTIN

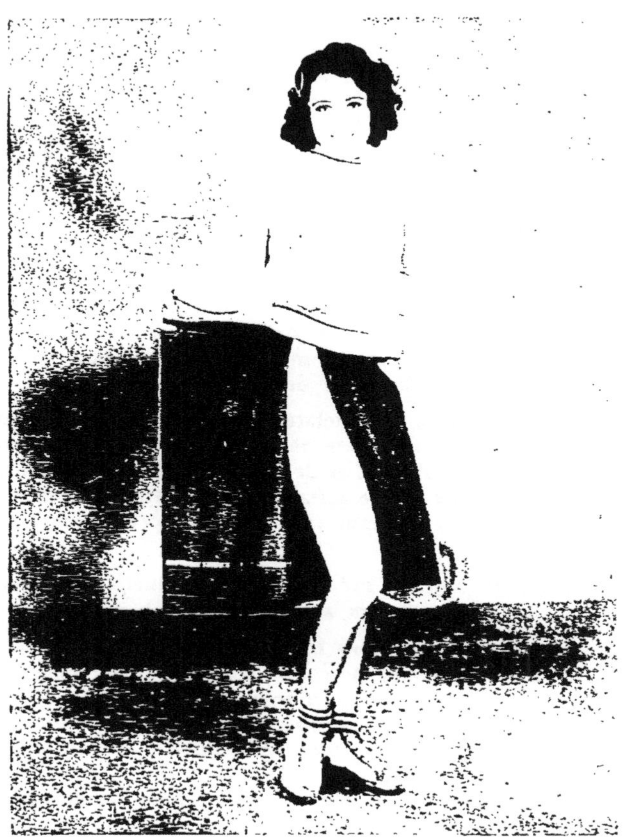

LES MIROIRS DU PLAFOND

A SUIVRE

PETITE CONTRIBUTION AU DOSSIER DE CERTAINS INTELLECTUELS A TENDANCES RÉVOLUTIONNAIRES (PARIS 1929).

On sait assez l'ordre de reproches faits aux surréalistes, à leurs méthodes. La stéréotypie même de ces reproches (mœurs de chapelle, goût des mises en jugement, aucun respect de la vie privée, se croire « purs », beaucoup de bruit pour rien) est de nature à nous les faire reprendre à notre compte. Et, pour comique que paraissent à distance les *excommunications majeures* qu'on dit que nous lançons, il nous suffit d'avoir vu se défendre, bafouiller, se débattre ceux de nos anciens *camarades* dont nous avons trouvé plus propre de nous défaire pour estimer qu'après tout de telles sanctions ne sont pas sans motifs ni sans effets réels. Nous n'avons pas toujours donné toute la publicité désirable à ces confondantes petites séances où l'humour et la morale, curieusement, trouvaient en même temps leur compte, mais il n'est pas dit que nous nous en tiendrons toujours à une si rassurante discrétion. A titre d'échantillon, nous mettons aujourd'hui les lecteurs de *Variétés* au courant de notre dernière entreprise.

Pour fixer les idées, nous relaterons l'ordre du jour d'une assemblée tenue au café « Le Prophète » fin novembre 1926, assemblée qui décréta l'exclusion d'Artaud et de Soupault. Il nous semble que le texte de cet ordre du jour éclaire assez bien ces méthodes dont on nous fait grief et qu'on nous passerait sans doute encore moins si on les connaissait mieux.

I. *Rapport objectif sur la situation actuelle, par Roland Tual. (Ce rapport ne sera pas discuté.)*

II. *Examen des positions individuellees :*
   a) *Toutes ces positions sont-elles défendables d'un point de vue révolutionnaire?*
   b) *Il y a une position commune.*
   c) *Certaines activités individuelles ne la compromettent-elles pas?*
   d) *Dans quelle mesure ces activités individuelles sont-elles tolérables?*

III. *Possibilités d'action future du surréalisme :*
   a) *En dehors du parti communiste;*
   b) *Dans le parti communiste.*

IV. **Conclusions.**

Nous ne reviendrons pas ici sur ce qui avait présidé dans notre esprit à certaines tentatives de rapprochement avec des groupes ou des individus plus ou moins éloignés de nous, que nous avions été préalablement appelés à considérer ou à combattre. Qu'il s'agisse du *Congrès*

de Paris (1922) qui. au lendemain du procès fait à l'art par Dada, devant procéder à « la détermination des directives et à la défense de l'esprit moderne ». s'adressait sans aucun critérium à tous ceux qui voulaient bien se réclamer de cet esprit: qu'il s'agisse, d'un tout autre point de vue, de l'entreprise de regroupement qui, congé pris des négativistes impénitents désireux de s'en tenir à la plus grossière instance d'une sorte de crédo dada, réunit les éléments constitutifs du surréalisme à la veille de la fondation de « la Révolution surréaliste » et de l'ouverture d'un bureau de recherches rue de Grenelle: qu'il s'agisse du contrôle incessant que les éléments en question exercèrent les uns sur les autres, mettant au point, aux dépens des personnes, les idées dont ces personnes se faisaient avec plus de lyrisme que de rigueur les porte-paroles; qu'il s'agisse d'accords passagers qui, autour de textes occasionnels (*Un Cadavre*, à la mort d'Anatole France, 1924, ou *Lettre ouverte à Paul Claudel*, 1925) ou à la faveur de manifestations dont la violente bagarre de la Closerie des Lilas (juillet 1925), reste le type, limitèrent et étendirent le recrutement d'un groupe qui en venait à reconnaître la prééminence sur toute autre de l'idée révolutionnaire: qu'il s'agisse du débat issu de ces derniers évènements qui mit en rapport les surréalistes et leurs amis de « Correspondance » avec Marcel Fourrier et le groupe « Clarté », lui-même récemment reformé après l'expulsion violente de ses derniers barbussistes: qu'il s'agisse de l'élaboration d'un texte de protestation contre la guerre du Maroc (*La Révolution d'abord et toujours*, septembre 1925) et, à ce propos, de l'entrée en contact de « La Révolution surréaliste » et de « Clarté » avec « Philosophies » (plus tard « L'Esprit »): qu'il s'agisse de la formation entre les représentants de ces revues et quelques isolés d'un intergroupe qui devait aboutir notamment à la création d'un journal (*La Guerre civile*) et qui entraina de fait la disqualification des membres du groupe « Philosophies » (exception faite pour André Barsalou, Gabriel Beauroy et Pierre Bernard) qui prétendaient poursuivre au delà de la Révolution sociale l'accomplissement d'une révolution philosophique compatible avec l'emploi du mot Dieu; qu'il s'agisse enfin de la réunion dont nous reproduisons plus haut l'ordre du jour, il est probable que nous n'avons pas besoin de dégager nous-mêmes le sens général de semblables démarches. Il apparaîtra toujours assez à ce témoin idéal que les physiciens, par exemple, se plaisent à imaginer pour la clarté de leurs démonstrations.

Toujours est-il qu'au début de 1929, avec peut-être un peu plus d'arrière-pensées que jamais, et certainement avec plus que jamais de froideur expérimentale, ayant relu toutes sortes de procès-verbaux de réunions, toutes sortes de manifestes élaborés à coups de concessions diverses, de lettres d'excuses ou de récriminations, nous avons passé en revue les noms de tant d'hommes qui n'étaient, somme toute, ni très mal situés intellectuellement parlant, ni entièrement dépourvus de moyens d'expression, que nous avons fait quelques réflexions sur le sort de tels individus dont quelques-uns ont gravement failli, si gravement que les voilà au rang des crapules et dont d'autres ne sont peut-être coupables que d'aveuglement ou d'erreur. Il nous a paru intéressant de savoir, de ces derniers eux-mêmes, à quel point ils se trouvent aujourd'hui: il nous a paru intéressant aussi de savoir lesquels d'entre eux répondraient à une sorte de signal lancé dans le vide. D'où la lettre suivante :

Paris, le 12 février 1929.

Monsieur,

Vous ne vous désintéressez pas absolument, autant que l'on sache, des possibilités d'action commune entre un certain nombre d'hommes que vous appréciez plus ou moins, les ayant plus ou moins connus, ayant eu plus ou moins l'occasion de les juger sur tel ou tel acte privé ou public, et désespérant ou espérant, à tort ou à raison, plus ou moins d'eux. Peut-être jugerez-vous opportun de procéder à une confrontation générale entre les différents points de vue qui sont les leurs et qui, peut-être, aujourd'hui les opposent diversement. Les questions personnelles, dont il a toujours été admis que chacun faisait bon marché, peuvent-elles ou doivent-elles prévaloir contre les raisons que ces hommes auraient d'agir ensemble, si l'on considère l'importance et l'efficacité d'un accord susceptible de s'établir à nouveau entre eux, ou une partie d'entre eux? Y a-t-il antinomie foncière entre ce qu'ils pensent? Nous nous permettons d'attirer votre attention sur ce fait : il ne paraît presque plus rien qui nous intéresse, les uns ou les autres. On annonce bien une revue marxiste, une revue d'opposition communiste, une revue de psychologie concrète, etc., mais il semble que ces publications éprouvent des difficultés à paraître, et en revanche La Lutte de Classes, Le Grand Jeu, Distances, L'Esprit, La Révolution surréaliste, *etc, ne paraissent plus. Devrons-nous permettre qu'on en tire des conclusions et que nos ennemis communs tablent de plus en plus sur l'impossibilité où nous sommes de concerter, sur quelque base que ce soit, une action commune ou renoncer à nous compter autour d'un certain nombre d'idées, positives ou négatives, après tout assez bien déterminées, et dont la portée seule est sujette à discussion? Un certain nombre d'entre nous se refusent de croire à la nécessité, à la fatalité de l'éparpillement de nos efforts et à la spécialisation outrancière qui en résulte. C'est pourquoi vous êtes prié de répondre par écrit aux questions suivantes :*

1. — Estimez-vous que, tout compte fait (importance croissante des questions de personnes, manque réel de déterminations extérieures, passivité remarquable et impuissance à s'organiser des éléments les plus jeunes, insuffisance de tout appoint nouveau, et par suite accentuation de la répression intellectuelle dans tous les domaines), votre activité doit ou non se restreindre, définitivement ou non, à une forme individuelle?

2. — a) *Si oui, voulez-vous faire à ce qui a pu réunir la plupart d'entre nous le sacrifice d'un court exposé de vos motifs? Définissez votre position.*

b) *Si non, dans quelle mesure considérez-vous qu'une activité commune peut être continuée ou reprise; de quelle nature serait-elle; avec qui désireriez-vous, ou consentiriez-vous, à la mener?*

Les réponses devront être adressées, avant le 25 février 1929, à Raymond Queneau. 18. rue Caulaincourt. Paris: *elles fourniront les bases d'un débat. pour lequel des convocations seront ultérieurement adressées à tous ceux qui, indépendamment de ce qui peut les engager déjà dans des sens différents. auront pris la peine de répondre au questionnaire précédent. signifiant par là qu'utopique ou non, l'entreprise actuelle, qui a priori les comprend, nécessite de leur part un aveu ou un désaveu actif.*

Cette lettre a été adressée à :

MM. Maxime Alexandre. Georges Altman. Aragon. Arp, Antonin Artaud, Pierre Audard. Jean Baldensperger. Jacques Baron. Georges Bataille. Pierre Bernard. Jean Bernier. Jacques Boiffard. Monny de Boully. Joë Bousquet. André Breton. Jean Carrive, Jean Caupenne, Victor Crastre, René Crevel. René Daumal. André Delons. Robert Desnos. Hubert Dubois. Marcel Duchamp. Marcel Duhamel. Paul Eluard. Max Ernst. Camille Fégy. Marcel Fourrier. Théodore Fraenkel, Jean Genbach. Francis Gérard. Roger Gilbert-Lecomte. Camille Goemans. Paul Guitard. Norbert Gutermann. Arthur Harfaux. Maurice Henry. Paul Hooreman, Henri Lefebvre. Michel Leiris. Georges Limbour. Edouard Kasyade. Georges Malkine. André Masson. Pierre de Massot. Frédéric Mégret. Edouard Mesens. Joan Miró, Pierre Morhange. Max Morise. Pierre Naville, Paul Nougé. Benjamin Péret. Pascal Pia. Francis Picabia. Georges Politzer. Jacques Prévert, Man Ray, Georges Ribemont-Dessaignes. Marco Ristitch. Georges Sadoul. Emile Savitry. André Souris, Yves Tanguy. André Thirion. Roland Tual. Tristan Tzara. Pierre Unik. Roger Vailland. Albert Valentin. Pierre Vidal. Roger Vitrac.

Cette liste, établie à la hâte. négligeait volontairement un petit nombre d'individus que leur activité suffit à tarer d'une manière objective (Delteil. Soupault. etc.). C'est par pure mégarde qu'elle se trouvait omettre les noms de Marcel Lecomte. René Nelli et Josef Sima. Il est de fait que cette liste. comportant les noms des principaux collaborateurs de la revue *Le Grand Jeu*, sanctionnait pour la première fois moins la reconnaissance d'une activité intellectuelle éprouvée que des rapports personnels, des conversations et une solidarité de hasard au cours de diverses manifestations dans des cinémas et théâtres, ce qui est assez pour que l'on désire apprécier plus exactement les limites de gens très jeunes et encore assez indéterminés. Quand nous disons : limites. nous pensons, par expérience, aux limites de chacun. Or, voici qu'une agitation imprévue se révélait à nous dès les premiers jours qui suivirent l'envoi de la lettre ci-dessus : Gilbert Lecomte et Vailland ne venaient-ils pas officieusement prévenir l'un de nous que les collaborateurs du *Grand Jeu* entendaient répondre collectivement, s'adjoignant pour cela Pierre Audard et André Delons. dont les attaches avec le *Grand Jeu* nous étaient jusque là inconnues. Comme il nous avait paru qu'une telle prétention constituait antérieurement à tout débat une sorte de cartel de nature à faire douter de la liberté de ce débat, et que nous avions exprimé nos craintes à ce sujet. André Delons. parlant à cette occasion en son nom et celui de Pierre Audard, vint, toujours officieusement, affirmer à Aragon, Breton et Queneau la réalité de leur accord avec *Le Grand Jeu*. Notons seulement qu'au cours de cette conversation, Delons désavoua formellement la surprenante signature, au bas de cette réponse collective, de Monny de Boully, ancien collaborateur de la *Révolution surréaliste* et, depuis, fondateur de l'éphémère torchon : *Discontinuité*, caractérisable essentiellement par une déclaration de dilettantisme anti-communiste. De plus, avec une émotion qui ne semblait pas feinte, Delons, exprimant à plusieurs reprises le véritable désespoir où il serait si, pour la première fois où Audard et lui avaient à prendre position sur quelque chose qui en valût la peine, on pouvait croire qu'ils fussent en désaccord avec nous, nous demanda s'il serait fait état d'une sorte de post-scriptum individuel qu'Audard et lui, chacun de leur côté, s'engageaient à envoyer pour préciser leur position en dehors du *Grand Jeu*. Une réponse affirmative n'eut pour effet qu'une lettre personnelle à André Breton :

Paris, le 25 février 1929.

Cher Monsieur,

Après notre conversation de jeudi dernier, et après avoir encore réfléchi au problème qu'elle mettait en cause, j'adresse cette lettre non pas à Raymond Queneau, mais à vous, c'est-à-dire à titre privé, pour apporter une confirmation écrite de ce que j'étais venu vous dire, et non pas à titre d'appendice individuel à la réponse que j'ai signée comme membre du Grand Jeu. *Cette réponse, et j'espère d'ailleurs que la lecture vous en a convaincu, ne peut définitivement pas comporter d'additions particulières à chacun d'entre nous. Elle a été établie comme, semble-t-il, le questionnaire qui l'a provoquée, en vue d'une action commune possible entre certains hommes, et je pense que précisément en vue d'une action commune, la réponse collective d'un groupe n'est pas négligeable. Que des différences individuelles puissent exister dans ce groupe, et d'ailleurs beaucoup plutôt des variations que des différences, il me semble a priori que jamais personne ne pourrait imaginer le contraire, sauf à faire de nous d'impossibles jumeaux. Qu'un certains nombre d'hommes, d'autre part, aient pu, sans restrictions mentales individuelles, produire une réponse collective à un appel qui, de par les fins mêmes qu'il recherche, exige une action collective, cela ne me paraît pas non plus négligeable. Je pense encore que cette réponse, pour n'être pas détaillée, est précise.*

Vous déploriez que ce But unique dont il est question, chacun de nous ne l'ai pas expliqué, et que nous n'en ayons pas même collectivement défini le sens, mais : « Les divergences entre nous dans les habitudes d'esprit et de langage, suffiraient à en rendre toute expression adéquate impossible. » Et comme, cependant, il est bien unique et identique malgré ces divergences, et qu'il constitue la raison même, pour nous, de la « vaste action destructrice » dont il est parlé et qui, j'espère, sera notre lien général, j'estime qu'il est juste de voir dans cette réponse une attitude précise et motivée.

Je ne doute pas, en outre, que si des réunions ultérieures ont lieu, une confrontation générale ne soit nécessaire, tant des buts que nous nous reconnaîtrons que des moyens particuliers que nous pourrons mettre en jeu.

Pour ce qui est de ma situation propre, je vous assure à nouveau que je regrette de n'avoir pas pu, pour des circonstances imprévues, très lourdes et dont vous comprenez, je le sais, les exigences, vous mettre au courant des tendances précises, du lien précis qui m'unissent au groupe du Grand Jeu, ainsi que mon ami Pierre Audard. Ces conditions admises, vous comprendrez qu'aucune autre attitude ne m'était honnêtement possible.

Ceci dit, j'espère vivement qu'une action commune, que je crois urgente et importante, va pouvoir être tentée, et qu'il ne manque malheureusement pas d'objets pour l'exercer. Dans cette mesure, je souhaite que, jusqu'à une limite certaine, il soit fait « bon marché » des questions de personnes.

Une protestation générale et appuyée contre les conditions de plus en plus intolérables qui sont faites à Léon Trotsky, par exemple, telle serait à mon avis (1) une première mesure commune.

Voilà, cher Monsieur, ce que je tenais à vous écrire à propos d'une situation qui, verbalement, n'aurait pu que devenir plus confuse encore. Vous m'avez récemment témoigné une amitié qui m'est très chère. En toute franchise, je pense que maintenant les choses sont nettes, et ne formeront pas d'obstacles à cette amitié? J'espère beaucoup que vous le penserez comme moi.

Croyez à mon dévouement.

André Delons.

(1). = à notre avis.

C'est sans doute aussi à un écho de la conversation dont nous venons de parler que nous dûmes la démarche de Daumal et Gilbert-Lecomte, au café « Radio », tendant à une liquidation, avant toute réunion, de l'incident de l'Ecole Normale dont nous parlerons plus loin.

Dès ce moment, considérant les manœuvres de certains qui se permirent, n'ayant en mains que le texte d'enquête qu'on connaît, soit en venant le trouver directement, soit en lui adressant des réponses qui auraient dû porter l'adresse de Raymond Queneau, soit en exprimant dans des conversations particulières le sentiment qu'il se cachait, on ne sait à quelles fins, derrière on ne sait qui, puisque le texte en question ne portait même pas de signature, qui se permirent, disions-nous, d'imputer à André Breton seul une initiative où ils ne voulaient voir chacun qu'un piège dans lequel il s'agissait de faire tomber leur intéressante personne, considérant ces manœuvres au cours d'une réunion à laquelle assistaient Aragon, Breton, Fourrier, Queneau et Unik, il fut décidé, sur la proposition d'Aragon, qu'en possesion des réponses reçues, nous adresserions, pour une réunion fixée au 11 mars, des convocations qui ne porteraient pas la signature de Breton, mais celles d'Aragon, Fourrier, Queneau, Unik, Péret, non consulté.

Au texte de convocation générale :

Paris, le 6 mars 1929.

Monsieur,

Conformément à ce que vous laissait prévoir la lettre qui vous a été adressée le 12 février dernier, nous prenons l'initiative de convoquer

MM. Alexandre, Arp, Audard, Baldensperger, Baron, Bernard, Bernier, Bousquet, Breton, Carrive, Caupenne, Crastre, Crevel, Daumal, Delons, Desnos, Duchamp, Duhamel, Eluard, Ernst, Fégy, Fraenkel, Gilbert-Lecomte, Genbach, Goemans, Harfaux, Henry, Hooreman, Kasyade, Lecomte, Magritte, Malkine, Mégret, Mesens, Miró, Morise,

Naville, Nelli, Nougé, Prévert, Man Ray, Ribemont-Dessaignes, Ristitch, Sadoul, Savitry, Sima, Tanguy, Thirion, Tzara, Vailland, Valentin, Vidal, à une réunion qui aura lieu le lundi 11 mars, à 8 heures et demie très précises au Bar du Château, 53, rue du Château (angle de la rue Bourgeois).

De ce qu'on peut dès maintenant déduire d'une consultation dont vous apprécierez vous-même les résultats, nous avons cru devoir négliger d'adresser une lettre semblable à MM. Altman, Artaud, Bataille, Boiffard, Boully, Dubois, Gérard, Guitard, Guterman, Lefebvre, Leiris, Limbour, Masson, Massot, Morhange, Pia, Picabia, Politzer, Souris, Tual, Vitrac, qui n'ont pas répondu ou l'ont fait d'une façon qui les dispense d'assister à une séance ultérieure.

Pour tenir compte des suggestions sans doute les plus intéressantes que nous ayons reçues, nous proposons comme thème de discussion l'examen critique du sort fait récemment à Léon Trotsky.

Signé : Aragon, Fourrier, Péret, Queneau, Unik.

P. S. — *Le présent avis, qui tient lieu de convocation, est strictement personnel.*

fut jointe pour les « membres du *Grand Jeu* », la lettre suivante :

Paris, le 6 mars 1929.

Messieurs,

Comme des conversations particulières ont pu vous l'apprendre, notre lettre du 12 février, personnellement adressée à chacun de vous, impliquait de la part de chacun de vous une réponse personnelle. Il est de fait que vous avez cru devoir en juger autrement mais, sans revenir sur le principe d'une réponse collective ni sur la présence au bas de cette réponse des signatures de Pierre Audard, André Delons, Josef Sima (pour ce dernier, seul un oubli involontaire avait fait que son nom n'y figurât pas), nous vous signalons qu'étant donnés les longs rapports que nous avons eus avec Monny de Boully et la nature de ces rapports, nous ne pouvons faire autrement que considérer comme nulle et non avenue la signature de ce monsieur à côté des vôtres. C'est pourquoi nous ne lui adressons pas de convocation individuelle à la réunion qui aura lieu le lundi 11 mars à 8 heures et demie très précises, *au Bar du Château, 53, rue du Château (à l'angle de la rue Bourgeois) et nous vous prions de ne considérer comme aucunement inamical de notre part le fait que la présente lettre ne puisse, en aucun cas, lui servir de carte d'entrée dans les lieux de la dite réunion.*

Faisant droit à une suggestion qui, croyons-nous savoir, a votre approbation, nous avons décidé de proposer comme thème de discussion l'examen critique du sort fait récemment à Léon Trotsky.

et pour Pierre Naville, qui n'avait pas répondu, cette autre lettre :

Paris, le 6 mars 1929.

Cher ami,

Nous nous souvenons encore de la part très active que vous avez prise à des réunions de l'espèce de celle que notre lettre du 12 février faisait prévoir. Quelle que puisse être pour vous la suffisance d'une activité qui s'exerce dans d'autres cadres, il ne peut pas vous échapper que votre abstention en cette circonstance implique à notre égard une désolidarisation d'autant plus regrettable que c'est l'attitude adoptée par des gens que nous vous avons toujours vu combattre.

Nous insistons encore pour que vous répondiez à cette lettre avant la réunion qui aura lieu le lundi 11 mars, à 8 heures et demie, très précises, *au Bar du Château, 53, rue du Château (à l'angle de la rue Bourgeois), réunion à laquelle nous vous prions d'autre part d'assister.*

Comme il nous a paru particulièrement indiqué d'amener chacun à se prononcer sur un fait qui ne vous est pas indifférent (le sort fait récemment à Léon Trotsky), ne croyez-vous pas que, ne fut-ce même qu'en qualité de témoin, l'auteur de « La Révolution et les Intellectuels » devrait se trouver présent?

En tout cas, son absence pourrait prêter à d'inutiles commentaires (1).

On remarquera que la liste de convocation comporte treize noms de personnes qui n'ont pas répondu, dont six (Baldensperger, Carrive, Crastre, Duchamp, Nelli, Tzara), qui de toute façon n'ont pu être touchées en temps voulu et sept (Baron, Duhamel, Fégy, Prévert, Man Ray, Tanguy, Vidal) que nous avons cru bon de tenir quittes, en raison de leurs occupations ou de leur *caractère*.

Pour les non-convoqués, nous nous bornerons à signaler que les anciens membres de la revue *Philosophies* avaient cru démonstratif d'adresser à Queneau, sans un mot d'explication, un exemplaire des revues de *Psychologie concrète et marxiste*, geste d'une simplicité et d'une retenue qui nous rappelle heureusement les bons exemples des manuels scolaires; que, d'autre part, deux hommes de théâtre, Artaud et Vitrac, que nous n'interrogions guère que par goût du comique, saisirent avec précipitation l'occasion de se taire, qu'on leur offrait. La réponse d'André Souris arriva trop tard pour être versée au débat.

Faut-il, au fait, souligner qu'en proposant comme *horizon* à la discussion l'examen critique du sort fait à Léon Trotsky, nous ne voulions pas préjuger du sens et de la nature de la réunion projetée mais qu'il nous importait de savoir quelle serait l'attitude d'une quarantaine d'intellectuels, toujours disposés à se déclarer révolutionnaires, en face d'un problème susceptible d'accuser les plus inquiétants des tics des intellectuels révolutionnaires contemporains. Cela nous valut d'ailleurs immédiatement un réflexe de Georges Limbour, qui ne se dérange pas souvent pour écrire et qui, pour une fois, désira mettre les rieurs de son côté :

Cher ami,

J'ai appris que vous avez projeté de vous réunir afin d'examiner le cas Trotsky.

---

(1) « *C'est aussi bien à moi qu'à tel autre à m'immiscer dans des discussions où se révèle la platitude, ou la gaucherie, ou l'égoïsme, ou la mauvaise foi, ou la fantaisie, ou la politique de certains individus, et à retenir sérieusement les traits de caractère déplaisants dont s'émaille la conduite d'hommes, qui paraissent d'ailleurs d'une grande sincérité et honnêtement ennemis de toute oppression tant qu'ils s'obéissent encore... Je ne doute pas que les démonstrations les meilleures soient celles que l'on pratique* ad hominem. » (Pierre Naville: *La Révolution et les Intellectuels* passim). Néanmoins, l'auteur de ces lignes n'a pas cru bon de perdre une soirée pour venir exercer parmi nous ses facultés de contrôle. Le directeur de *La Lutte des Classes* tiendrait-il à faire oublier ses longs antécédents surréalistes, peut-être un peu gênants aujourd'hui? On aimerait le voir s'expliquer à ce sujet. Si méprisant que nous nous attendions à le trouver à l'égard de problèmes qui l'ont troublé à tant de reprises, nous ne demandons qu'à entendre ce qu'il peut bien avoir à dire.

J'ignore, comme bien vous le pensez autant que vous devez les ignorer vous-mêmes, les décisions que vous allez prendre dans le courant de cette discussion. Nul doute qu'elles tendront à influencer le camarade Staline en faveur du révolutionnaire exilé. Aussi j'espère que cette réunion aura d'efficaces résultats.

Permettez-moi cependant ce conseil de n'agir que d'après un plan mûrement réfléchi et défini : avec des hommes tels que Pierre Unik ou Thirion, pour n'en citer que deux parmi le quarteron, habitués à pousser jusqu'au bout l'accomplissement de leurs énergiques desseins et qui, mal engagés, pourraient, dans l'excès de leur audace et de leur courage, concourir à des actes désastreux, autant pour le salut de Trotsky que pour leur propre liberté.

Cordialement,

De même, cela permit à Jean Bernier qui, sous un pseudonyme, tient si brillamment la rubrique des sports à l'*Humanité* pour « gagner sa croûte » (*sic*), de produire un texte de critique purement picturale d'Aragon qui, selon lui, ne cadrait pas avec le matérialisme historique et de s'en autoriser pour ne pas assister à la réunion, nous autorisant à notre tour à considérer essentiellement en lui l'homme qui fit publier sa photographie dans *L'Humanité* avant de ne pas aller, alors qu'il s'y engageait, « casser la gueule » à Henri Béraud, insulteur de Raymond Lefebvre.

Le 11 mars, au Bar du Château, la réunion s'ouvre sous la présidence de Max Morise. Présents : Alexandre, Aragon, Arp, Audard, Bernard, Breton, Caupenne, Crevel, Daumal, Delons, Duhamel, Fourrier, Gilbert-Lecomte, Goemans, Harfaux, Henry, Kasyade, Magritte, Mégret, Mesens, Queneau, Man Ray, Ribemont-Dessaignes, Sadoul, Savitry, Sima, Tanguy, Thirion, Unik, Vailland, Valentin. La parole est donnée à Raymond Queneau qui présente les réponses à la lettre du 12 février en les classant d'après leurs conclusions, contre ou pour une action commune : quatre *contre*, quatre *pour ou contre avec réserves*, trente-six *pour*. Il est donné lecture in-extenso de toutes les réponses.

Le ton des opposants les plus déclarés est donné par Georges Bataille, traducteur de Chestov :

Beaucoup trop d'emmerdeurs idéalistes.

— par Michel Leiris, incontestablement un des idéalistes désignés :

Mon cher Queneau,

***La politique d'union sacrée ne me dit rien qui vaille, et j'ai toujours eu, par dessus tout, horreur des replâtrages. Prenez cela, si vous voulez,** pour une réponse à votre (?) questionnaire.*

— par André Masson, qui préfère sans doute de nos jours à la *Révolution surréaliste* les *Cahiers d'Art* et les *Cahiers du Sud* (1) :

... Ce qui me gâte souverainement le questionnaire que tu m'adresses, c'est que son (ou ses) instigateurs se cachent modestement parmi les 75 camarades du palmarès. Foutre! Que de phrases embarrassées pour

(1) Cette lettre venant à l'appui de ce qu'il connaissait de l'esprit de confusion **d'André Masson**, Aragon, d'ailleurs nettement désigné par ce texte, apprécia, dans une conversation privée, avec la violence convenable, l'idiotie soudain active de son signataire. Celui-ci fit, au cours de la réunion que nous relatons, une entrée théâtrale et ne put obtenir d'Aragon que la confirmation des propos tenus sur son compte.

aboutir à un « Congrès de Paris » grande partouse ratée de l'époque Dada et à la création d'une nouvelle revue littéraire et artistique qui sera, n'en doutons pas. la plus scandaleuse du monde. Pas drôle.

— par Paul Guitard. qui se signale régulièrement à notre attention en faisant dans *L'Humanité* l'apologie des clowns :

Le plan moral sur lequel verbalement *vous vous situez, et sur lequel pratiquement il vous est impossible d'évoluer, vous conduit à une sorte de tartuferie inconsciente. Dans ces conditions, quelle action voulez-vous tenter?*

Le jargon économico-philosophique de Bernier. dans lequel on démêle une déclaration contre la politique actuelle de la IIIe Internationale, nous éclaire moins sur sa conception d'une hypothétique activité commune :

... qui devrait être, comme dit Marx, « non une passion de la tête, mais la tête de la passion »

que ne le fait l'interminable post-scriptum de sa lettre. tout imprégné de la rancœur qu'alternativement l'auteur de « Tête de Mêlée » exhale contre son ami Drieu la Rochelle et contre nous.

Pourquoi faut-il que Jean Genbach. qui ne se montre pas toujours incapable de sérieux. se soit cru obligé de nous écrire dans le style qu'il réserve généralement au cardinal Dubois? Sans doute est-il encore de ceux, mais c'est le cas de pas mal d'intellectuels, qui ne savent pas faire bon marché de leur pittoresque personnel.

Théodore Fraenkel :

Mon activité? Ce terme, appliqué à moi, ferait sourire tous ceux qui me connaissent. Elle ne saurait se restreindre ni s'élargir, étant certainement aussi voisine que possible du néant. mais cependant : Je ne demande qu'à étudier un programme d'action avec n'importe lesquels des destinataires dont la bonne moitié me sont inconnus, mais dont un bon nombre, à ma connaissance — et ceux dont j'attends le plus — estiment ne pas devoir se prêter à cette tentative.

Avec Ribemont-Dessaignes, le ton change. Les réserves qu'il fait tout en se déclarant partisan d'une action collective, ne sont plus de l'ordre de celles de Bernier, Genbach et Fraenkel. Il ne doute pas des personnes pour des raisons philosophiques comme le premier, métaphysiques comme le second, sentimentales comme le troisième :

... Même si en fin de compte il ne doit en sortir qu'une exaspération de l'action individuelle, et la certitude, pour moi admise (autant qu'une certitude puisse l'être) que l'Esprit, au sens où j'admets que nous l'entendons, est violemment opposé à toute Révolution Sociale, ce qu'on appelle ainsi n'étant qu'un changement dans les relations de la collectivité et seulement un milieu ou l'Esprit peut se nourrir : en apparence l'Esprit s'enthousiasme au seul nom de révolution. Mais que celle-ci éclate, elle n'a qu'un temps très court, et devient en tout semblable à ce qu'était l'état social précédent. L'Esprit redevient ce qu'il était : une puissance de destruction.

... Il y a un esprit collectif français qui fait sa petite révolution dans le sens que vous voyez s'affirmer tous les jours : démocratie où tout vient se fondre, fascisme, communisme, démocratie — américaine — ça fera la FRANCE. Nous voila en carafe devant ce joli tableau. Que

nous réussissions à mettre debout une action commune, d'individus, qui persisteront à agir plus ou moins individuellement, que nous devions signer notre acte de décès, que nous répugnions à toute action commune quelle qu'elle soit, c'est à voir une bonne fois, et cette fois-ci, je suppose: c'est la bonne!

Ai-je confiance? Non. Il ne vient rien derrière nous, ou si vous vous voulez devant nous. La seule porte ouverte est celle du Grand Jeu. *Nous sommes tous des anarchistes. Je ne vois pas pourquoi à cause de son passé nous aurions peur de ce mot. Le tout serait de lui donner un peu plus de grandeur. Mais voilà : une nouvelle réunion de nous tous va-t-elle en révéler? Même si c'est le contraire, et si à sa suite nous devons nous retrouver tous le cul par terre, le spectacle vaut la peine qu'on l'organise, ceci dit sans intention de rire.*

Joan Miró :

Incontestablement, pour aboutir à une action, il faut toujours un effort collectif. Néanmoins, je suis persuadé que les individus avec une forte ou excessive personnalité maladive peut-être, fatale si vous le voulez, ceci n'est pas à discuter, ne pourront jamais se soumettre à la discipline de caserne qu'une action commune exige à tout prix.

Paul Hooreman :

Monsieur,

Je relève dans les questions de votre lettre, qu'y sont impliquées leur réponse.

Je ne saurais, pardonnez-moi, souscrire à ces propositions déguisées. Je n'estime pas que, tout compte fait, *notre activité* doit se restreindre, définitivement ou non, *à une forme individuelle. Je pense, au contraire, que cette forme est la seule que puisse présenter une activité réelle, la seule qui puisse l'amener, au delà d'elle-même, à conduire une action commune de quelque portée; et qu'on ne peut arguer d'une coïncidence avec les esprits qu'on estime pour limiter par cette relation leur activité et la sienne.*

D'autre part, il me paraît vainement habile que vous demandiez, même comme un sacrifice, à tous cux qui se taisent de définir leur position. Puisqu'il fait le sujet de votre enquête, vous n'ignorez pas que le problème de l'action commune, avec tout ce qu'il renferme, est la principale inquiétude de la plupart d'entre eux. S'ils pouvaient définir leur position, nul doute qu'ils ne l'eussent déjà fait — sans grande chance que ce fût d'aucune utilité collective. Car, Monsieur, il ne me semble pas que la plupart de vos correspondants puissent aucunement se dépasser; en les obligeant, comme vous le faites, à définir leur position, vous les mettez, n'en doutez pas, à la merci de quiconque les sauvera d'une réponse individuelle en leur proposant une solution commune.

Vous me trouverez un peu dur, sans doute. Mais cela vient, Monsieur, de l'impatiance que j'éprouve à voir une fois de plus renaître une situation qui paraît, plus que jamais, précaire. J'en juge de Bruxelles, sans doute, — mais aussi avec le souvenir : d'une part des conversations que j'eus en août dernier, à ce sujet, avec André Breton; et, d'autre part, des réunions à l'issue desquelles plusieurs surréalistes s'affilièrent au parti communiste. Ces deux points me faisaient présumer que l'autorité de Breton et le souvenir du médiocre résultat de ce Congrès pourraient empêcher toute velléité d'en recommencer d'autres. Il n'en est rien, me dit votre lettre. Il ne me reste donc qu'à vous souhaiter bonne chance et à vous prier d'assurer mes amis de Paris que je suis de cœur avec eux dans cette circonstance difficile.

Arp (réponse télégraphiée) :

J'insiste sur le surréalisme pour me défendre d'un entraînement vers la politique.

Camille Goemans :

Ma position est exactement celle-ci ... que si elle venait à se définir, ou que si je pouvais le faire, il faudrait aussitôt que je l'abandonnasse... En somme, la portée de votre question est pour moi de savoir à quelle forme de l'action commune je choisirais de m'arrêter, l'activité individuelle ou l'activité en commun... Mais l'action commune *me paraît être, dans ce moment, un moyen matériel d'une efficacité extrême.*

Partisan aussi d'une activité commune. René Magritte :

L'action commune pourrait peut-être avoir un prestige redoutable. Elle ferait entendre davantage ce que Poésie *par exemple, peut laisser entendre.*

Robert Desnos :

Absolu mépris de toute activité littéraire ou artistique ou antilittéraire ou anti-artistique, pessimisme absolu en ce qui concerne une activité sociale... Je ne me sens pas, d'autre part, d'humeur à faire abstraction des questions personnelles... En définitive et dans les cas impossibles à déterminer à l'avance, je ne renonce pas à collaborer à une activité commune mais je me refuse à accepter des mots d'ordre et une discipline par trop souvent arbitraire.

André Souris :

Il n'est pas douteux que plusieurs hommes se peuvent encore accorder sur certains mobiles essentiels. Toutefois, une entreprise commune me paraît réclamer, à l'heure présente, l'examen préalable et le plus clairvoyant des moyens propres à la rendre efficace — et je suis prêt à m'engager avec ceux qui reconnaîtraient l'imminence de cette nécessité.

Max Morise :

Je considère comme concluant l'échec des tentatives faites pour trouver une place au surréalisme dans l'idéologie révolutionnaire. A-t-on jamais fait entrer dans un système autre chose que ce qui s'y trouvait déjà? Trancher si le surréalisme est dans la conception marxiste de la révolution ou non est laissé à la fantaisie de chacun, la réponse donnée ne change rien au développement de l'un ni de l'autre.

J'attribue la confusion et la débâcle actuels à la sournoise intrusion du vieux dualisme — matérialisme, idéalisme — dont nous avons été victimes et à l'esprit outrageusement rationaliste qui nous a poussés à chercher dans une seule et même formule la motivation, d'une part, d'un ensemble d'activités d'ordre scientifique qui tirent leur existence d'une idéologie précise (science sociale et économique, philosophie, psychologie, etc.) et, d'autre part, de l'activité dite « surréalisme » et autres moyens d'expression de nature essentiellement poétique, qui sont, en général, notre fort. L'existence de quelques systèmes connus (dialectique, pataphysique, etc.) aurait pu éviter ce faux pas au moins averti d'entre nous. Distrait, chacun a cessé de prêter l'oreille à sa propre colère.

Je déplore l'oubli profond où est tombé l'humour.

Je demande le retour des superstitions. Je ne sais si elles sont assez fortes pour grouper encore quelques hommes.

Paul Nougé :

... J'aimerais assez, que ceux d'entre nous dont le nom commence à marquer un peu, l'effacent. Il y gagneraient une liberté dont on peut encore espérer beaucoup... Le monde nous offre encore de beaux exemples : celui de quelques voleurs, de certains assassins, celui des partis politiques voués à l'action illégale et qui attendent l'instant de la Terreur. Il s'agit évidemment des secrètes dispositions spirituelles *de ces hommes isolés ou organisés en partie; non de quelques anecdotes pour gens de lettres ou de l'étrange galerie des fossiles de l'histoire... Je ne puis me cacher, en effet, que l'action du criminel solitaire (croyez-vous que l'on ait remarqué que le criminel auquel je me rapporte ne saurait être en aucun cas un négateur, un destructeur?) pour fertile qu'elle soit en jouissances aiguës (cela ne regarde que lui) n'en est pas moins, par moments, gravement compromise par la faiblesse des armes qui lui sont données, mais dont il use faute de mieux. (Là aussi, toutefois, certaines ressources demeurent.)*

A partir de celle-ci, les vingt-deux réponses suivantes, y compris celle du *Grand Jeu* portant neuf signatures, concluent toutes à la nécessité d'une action commune et à l'organisation de cette action.

Le Grand *Jeu :*

Au questionnaire adressé par M. Raymond Queneau à la plupart de ses membres, le groupe du Grand Jeu *répond collectivement, d'accord à l'unanimité sur tous les points suivants :.*

1° Etant donnée notre attitude anti-individualiste, tant dans le domaine de la pensée que dans celui de l'action, il ne peut être question pour nous, sur quelque plan que ce soit, d'activité efficace autre que collective. Toutes les objections sur ce point sont considérées par nous, a priori, comme non valables. Notre réponse est donc : NON.

2° a) *La question ne se pose pas.*

b) *Nous considérons qu'une action commune peut être entreprise (car pour nous il ne peut s'agir de la « continuer » ou de la « reprendre », et nous avons encore notre mesure à donner dans ce domaine) autant qu'elle sera dirigée*

non pas POUR,
mais CONTRE...

Non pas pour...

Une telle restriction a un sens parce que nous croyons fermement que nous tendons tous vers un but unique. Mais comme nous n'avons pas encore atteint ce but, chacun de nous ne pourrait qu'en donner une définition plus ou moins approchée selon qu'il en a plus ou moins confusément conscience. Dans tous les cas, cette définition serait utopique. Les divergences entre nous dans les habitudes d'esprit et de langage suffiraient à en rendre toute expression adéquate impossible. Ceux qui refusent d'accepter cette proposition se perdront dans une casuistique sans fin, qui, à l'avance, énervera toute action possible. Conséquence pratique : nous entendons qu'une union soit établie, non pas entre individus, mais entre groupes, sous forme fédérale; chaque groupe gardant son autonomie en tout ce qui concerne son activité positive, et l'ordre de recherches qui lui est propre.

Mais CONTRE...

Certaines formes sociales et certaines formes de pensée, l'accord est, croyons-nous, virtuellement fait. Nous avons assez d'ennemis communs dans tous les domaines pour que la nécessité d'une action concertée d'attaque et de défense soit démontrée. C'est précisément dans de telles manifestations que nous pourrons vivre et reconnaître notre pensée commune et prendre à chaque instant davantage conscience de l'unicité de notre but désespéré.

Dans l'ignorance où nous sommes des moyens qui seront réunis, nous ne pouvons guère faire entrer en ligne de compte que les aptitudes particulières qui sont les nôtres pour en conclure à la nécessité d'une vaste action destructrice s'exerçant principalement sur les fondements idéologiques et moraux de la société contemporaine.

Cette activité commune, pour être efficace, doit se spécialiser et n'être ni celle de groupements politiques disposant de moyens incomparablement supérieurs, ni celle, par exemple, des organes de nos groupes respectifs dont la diffusion est insuffisante.

Il s'agira dans les débats qui vont suivre de fixer les procédés d'une technique rigoureusement appliquée à son objet.

Cette action commune doit être menée par le plus grand nombre. Sans connaître toutes les personnes à qui vous avez adressé cette lettre, nous vous faisons confiance quant à votre choix. Nous pensons même qu'il existe encore un certain nombre d'hommes à qui vous pourriez faire appel.

Pierre Audard, Monny de Boully, René Daumal, André Delons, Roger Gilbert-Lecomte. Arthur Harfaux, Maurice Henry, Josef Sima, Roger Vaillant.

P. S. — *C'est la première fois que nous nous associons à une tentative de ce genre. Nous vous prévenons dès à présent, et je crois que vous n'y verrez pas d'inconvénient, que lors du prochain débat nous poserons au préalable cette question :*

Pourquoi les précédentes tentatives n'eurent-elles pas le résultat qu'on en attendait?

Ceci dans le seul but de nous éclairer et afin que nous ne tombions pas dans les erreurs qui furent sans doute commises précédemment.

Un certain nombre de correspondants se prononcent pour la poursuite pure et simple de l'activité surréaliste.

Joë Bousquet :

L'activité commune doit être reprise. C'est avec Paul Eluard, André Breton, Louis Aragon, Benjamin Péret et les autres surréalistes qu'elle doit être menée.

Marco Ristitch :

Parmi les personnes nommées, il y a certaines que je ne connais pas personnellement, mais avec lesquelles je crois, d'après ce que j'en sais, pouvoir m'entendre jusqu'à un certain point (Clarté, Distances, l'Esprit *et peut-être* Le Grand Jeu). *Il y a enfin celles* (La Révolution surréaliste) *qui signifient pour moi l'influence la plus incomparable, la plus décisive au monde, auxquelles je suis redevable pour tout ce sur quoi je peux,* en moi, *compter.*

Edouard Kasyade :

J'approuve votre initiative. Je crois que Breton et Paul Eluard sont encore les seuls parfaitement désignés pour opérer le regroupement de ces volontés désintéressées dont vous déplorez l'éparpillement. A propos des jeunes, je pense que nous avons laissé échapper une occasion en ne nous montrant pas solidaires, par une déclaration collective, du geste de révolte des Normaliens.

Georges Malkine désapprouve l'activité individuelle à laquelle il se déclare néanmoins réduit. Il préconise la rédaction d'un manifeste violent engageant gravement ses signataires et permettant de débarrasser le groupe :

... des faibles, des tièdes, des indulgents, des conciliants, des amateurs, des larges d'esprit et autres ordures... Je ne conçois sous aucune forme la reprise d'une activité surréaliste quelconque si elle est préalable au tirage que je réclame.

Emile Savitry entend soutenir par tous les moyens une activité surréaliste :

Je tiens particulièrement à dire que, parmi les surréalistes que je connais, sont des hommes qui ont toute mon estime et mon admiration pour la grandeur et la réalité de leurs convictions : Aragon, Breton, Desnos, Malkine, Man Ray.

Max Ernst :

J'estime extrêmement utile un minimum d'organisation. En principe, je suis prêt à mener une activité commune avec toutes les personnes *du questionnaire... J'estime de la plus grande importance de continuer les actes de terreur que les surréalistes ont menés.*

Les réponses suivantes, qu'elles le mentionnent ou non, tiennent compte, à côté ou au delà de l'activité surréaliste, d'activités d'un autre caractère.

Albert Valentin :

Loin de faire bon marché des questions de personnes, je ne les sépare pas des seules questions morales qui me touchent et dont elles sont toujours le prolongement ou la conclusion.

Il compte sur leurs réponses pour juger ceux qu'il ignore mais il en est d'autres :

... qui me sont entièrement étrangers et pour lesquels j'entends ne rien risquer, — je veux dire, par exemple, les gens de Philosophies *(et tout ce qui s'ensuivit :* Esprit, Revue marxiste, Revue de psychologie concrète) *dont il n'y a rien à attendre sinon le galimatias spéculatif et l'inaptitude à servir les valeurs sentimentales que je défends... A présent, je suis bien en peine de vous déterminer la nature que doit affecter la collaboration que j'envisage, et, réclamer que je le fasse aujourd'hui consisterait à me demander de quelle sorte sera la prochaine saloperie qui se produira et contre laquelle il conviendra de s'élever.*

Paul Eluard :

Mon activité ne saurait se réduire à une forme individuelle et, quel que soit le résultat de notre tentative de regroupement, je reste et resterai solidaire de tous ceux qui ont toujours montré leur volonté d'agir en commun pour une cause véritablement révolutionnaire... Il me sera probablement impossible d'assister aux débats qui suivront votre consultation, mais je vous prie de considérer que je fais entièrement confiance à André Breton et à Louis Aragon pour me représenter. L'activité surréaliste ne saurait être abandonnée, mais il est à souhaiter qu'aucun effort parallèle ne soit négligé, ni isolé.

Maxime Alexandre :

Cette activité commune, qui pour moi personnellement est une de mes raisons d'être, doit très exactement correspondre aux nécessités révolutionnaires actuelles, et à la fois être rigoureusement adéquate à nos exigences les plus profondes.

René Crevel :

A l'opportunisme de la grande presse, aux sophismes distingués de tant d'inutiles revues, à tous ceux qui tiennent boutique de bonne grosse muflerie, de grâces particulières, d'esthétisme ou de louche subtilité, de Clément Vautel à Jean Paulhan, il conviendrait d'opposer, et d'urgence, l'accord que j'estime, a priori, parfait entre les destinataires de cette lettre sur des points précis tels que : question coloniale — la loi nouvelle permettant d'emprisonner de un à cinq ans quiconque, par ses écrits ou ses discours, a voulu diminuer le prestige de la France — la loi sur le respect dû aux militaires. Il s'agirait de reprendre l'activité commune telle qu'elle s'exerça au temps de la Lettre à Claudel *et de la protestation à propos de la guerre du Maroc.*

E. L. T. Mesens :

Dans l'état où je me trouve actuellement, je ne puis que faire confiance à une activité collective telle que vous pouvez la comprendre et à laquelle je voudrais pouvoir me consacrer sans réserves... Il importe que nous ne laissions rien passer qui puisse, pour ou contre, solliciter notre intervention.

Nous ne manquerons pas de signaler qu'au détriment même de propositions propres à exalter quelques-uns, ce qui prime dans les trois réponses auxquelles nous arrivons est un esprit de conciliation qui suppose la considération de toutes les personnes interrogées.

Ainsi, André Breton se borne à rappeler qu'au delà des relations particulières entre ces personnes, il existe une possibilité d'accord spontané qui ne saurait être sacrifié au jeu de ces relations :

Pour quelques-uns d'entre nous, si je me souviens bien, il était question de faire prévaloir par tous les moyens une sorte d'innocence active à quoi tous les prétextes étaient bons pour se manifester et dont le seul mode adéquat d'expression était, sous toutes ses formes, la violence... Il est, à mon sens, très fâcheux que cette violence qui nous est donnée et à laquelle nous avons dû tant de fois, sans nous connaître ou après nous être perdus, les uns les autres de nous reconnaître (j'en appelle à Morhange, à Prévert, à Artaud, à Carrive, à Tual, et même à Leiris, et même à Masson s'ils se détournent), que cette violence passe au service d'intérêts particuliers tout à fait dérisoires et se dissipe dans des querelles stériles.

Ainsi. Raymond Queneau ne voudrait voir soulever ces questions personnelles qu'à toute extrémité :

La littérature guette son homme au carrefour du scepticisme et de la poésie. L'action collective peut seule redresser les égarements individuels... Il s'agit donc de vaincre le confusionnisme qui semble obnubiler la plupart des esprits... Il ne faut pas trahir les ouvriers qui font la Révolution : les questions personnelles se posent lorsqu'il s'agit de traîtres.

Ainsi. Louis Aragon. qui envisage la question d'un point de vue expérimental :

Qu'espérons-nous? Cette question est bien inutilement humoristique. Ce n'est cependant pas de considérer que les résultats négatifs sont encore des résultats qui doit me faire, personnellement. passer pour un amateur de défaites. Je souhaite. bien entendu. un accord entre les gens auxquels nous faisons appel. Je le souhaite exactement, comme devant le fait acquis. j'en ratifierai la carence.

Par contre. Frédéric Mégret. Pierre Unik. Jean Caupenne. Georges Sadoul soulèvent violemment les questions personnelles.

Frédéric Mégret :

1° Artaud, Vitrac, complètement impossibles (puisqu'il faut le répéter); 2° les gens du Grand Jeu, *groupe* littéraire *issu d'une même classe de lycée, prêts à toutes les petites et grandes saletés pour faire leurs petits bonshommes de chemins... Je suis d'ores et déjà bien décidé à suivre Aragon et Breton dans toutes les entreprises qu'ils mèneront dans l'avenir.*

Pierre Unik. tout en refusant de croire que des différences individuelles puissent anéantir les possibilités d'action commune. fait objection à toute possibilité de collaboration avec Artaud et Vitrac. *Le Grand Jeu* et :
quelques maniaques de l'obstruction et de la démoralisation à tout prix qui se découvriront au cours du débat... Je fais par contre confiance tout particulièrement à Aragon, Baldensperger, Boiffard. Breton, Caupenne. Eluard. Ernst, Fourrier, Genbach, Goemans, Mégret. Morise. Nougé. Péret. Queneau. Sadoul. Savitry, Tanguy, Thirion, Valentin.

Jean Caupenne :

Je crois nuisible une collaboration avec un certain nombre de destinataires de votre lettre. En premier lieu celle d'êtres particulièrement tarés comme Artaud et Vitrac. celle des anciens collaborateurs de Philosophies *qui viennent de se faire une situation dans le communisme. Quant au* Grand Jeu. *plusieurs de ses collaborateurs ne se contentent pas d'être des métaphysiciens distingués : quand dernièrement il s'est agi de communiquer à Thirion le texte du manifeste des élèves de l'E. N. S., ils s'y sont refusés pour des raisons que j'aimerais entendre préciser dans la réunion prochaine. J'ai une confiance trop absolue, pour le présent et l'avenir, en André Breton et Aragon pour ne pas faire confiance à leurs amis présents et futurs.*

Georges Sadoul demande qu'on tire parti de l'attitude de chacun :

Il y a grand intérêt à solliciter de tous les destinataires de cette lettre une adhésion à une action commune — si discutables ou si suspects que certains d'entre eux puissent être — afin de compromettre ces derniers s'ils acceptent ou de tirer parti de leur refus s'ils se dérobent.

Après des attaques contre le groupement *Philosophies*, «*universitaires et contre-révolutionnaires* », les membres du *Grand Jeu* (à propos de la récente affaire de Normale). Bernier. Guitard. Crastre et Altman « *qui ont assez démontré leur gâtisme velléitaire* », Vitrac et Artaud « *leur saloperie de petits littérateurs* » il conclut en faisant « *confiance à toute activité qui s'organisera autour de Breton et d'Aragon* ».

Enfin. nous terminerons par trois réponses dont les signataires. qui poursuivent pour leur compte une activité d'ordre politique. se prononcent tous les trois en faveur d'une activité commune.

Marcel Fourrier :

Je ne me désintéresse absolument pas des possibilités d'action commune entre un certain nombre d'hommes. Encore faut-il que ces hommes soient des révolutionnaires. car une seule action commune m'importe : celle qui mène vers la Révolution et j'entends bien la destruction totale de l'ordre social bourgeois, son origine de production économique, son esprit.

Pour ma part, je pense que l'activité commune qui continue à rassembler un certain nombre d'entre nous autour de la défense de quelques idées et de quelques principes sur lesquels se comptent aujourd'hui les seuls révolutionnaires dont je veuille me soucier, ne peut se manifester dans un sens admissible pour moi que dans une solidarité absolue avec Trotsky, par exemple — pour prendre un cas type compréhensible par tous et devant lequel personne ne puisse se dérober.

Ce premier point éclairci, nous pourrons procéder à un nouveau recensement de nos forces et porter le second point de l'examen auquel nous voulons procéder sur la meilleure utilisation de l'activité de chacun. Je ne suis pas absolument adversaire de différentes sortes d'activités. pourvu que je pense que le but envisagé par chacun d'entre nous reste bien identique. L'activité d'André Breton par exemple et celle de Louis Aragon, bien que non spécifiquement politiques comme la mienne, me semblent bien conformes cependant à une même conception de la recréation d'un monde.

Mais, parmi les personnes à qui votre lettre s'adresse et que je connaisse soit personnellement. soit de réputation. j'en vois bien peu à qui je puisse faire une telle confiance et ne pas pousser absolument sur le terrain politique : le seul où il soit impossible d'échapper immédiatement aux conséquences de l'action révolutionnaire — pour l'instant la répression — je cite des noms : Aragon. Pierre Bernard. André Breton. Paul Eluard. Max Ernst. Malkine, Pierre Naville, Benjamin Péret, Georges Sadoul, Yves Tanguy. André Thirion. Pierre Unik et bien entendu vous-même.

Pierre Bernard :

1. — Non.

2. — Illimitée. Quand aux personnes, la question peut être résolue en séance, comme pour Artaud, Soupault et autres Morhange.

André Thirion :

Mon cher Queneau,

Ce qu'on a toujours caché sous le vocable « questions personnelles » m'intéresse beaucoup. Je ne pense pas que la désunion que tu déplores soit l'effet de disputes aussi mesquines. Les raisons en sont plus sérieuses. Tellement que s'en remettre à des « déterminations extérieures » pour tout arranger me semble être la politique de l'autruche. Les désaccords sont suffisamment profonds pour qu'ils ne puissent être résolus dans l'enthousiasme.

Mais si on les veut résoudre, reste à savoir qui doit y mettre du sien. Or, il semble qu'en 1929 les borgnes partagent la royauté avec les bigles. Depuis quelques années, la presque unanimité des gens s'attachent à ne rien vouloir comprendre. Ce n'est certes pas la faute de l'histoire qui leur en a offert les moyens. Et on crève faute de bien assimiler.

Voyons un peu nos intellectuels. Voici des exemples d'activité contemporaine :

Nous a-t-on assez couru sur le haricot avec M. Bergson, le bergsonisme et les bergsoniens? On nous menace maintenant de la psychologie concrète! Des gens qui se découvrent subitement anti-bergsoniens se préparent à bien nous emmerder. Ne désespérons pas d'en trouver un jour des pour ou contre MM. Alain et Benda. Passons...

Au hasard de la pêche : on finit par lire et commenter les galimatias de M. Drieu la Rochelle. M. Berl, pauvre crétin, le bourgeois type, dont l'horreur du machinisme ne l'empêche pas d'apprécier les nouveaux modèles de la General Motors, l'escroc Malraux qui, espérons-le, continuera sa besogne de salaud en donnant pour suite aux « Conquérants » une vie aventureuse du colonel Lawrence, passent maintenant pour des révolutionnaires. Il n'est pas jusque dans le camp des gens honnêtes et plus sérieux où ne règne l'obscur! A quels purs esprits a donc songé Naville (dont on se souvient par ailleurs de la brillante campagne contre Barbusse) en écrivant « La Révolution et les intellectuels »? Où veut-il en venir?

... « Il faut, dit-il, organiser le pessimisme; ou plutôt, puisqu'il ne s'agit que d'obtempérer à un appel, il faut le laisser s'organiser dans la direction du prochain appel » ...

Voilà qui est typique de la perte du sens des réalités chez un homme dont on pouvait attendre beaucoup : goût de l'abstraction, amour du vide (particulièrement vif, semble-t-il, chez Francis Gérard), mais où est la Révolution dans tout cela? Il est certain que l'idée du matérialisme, en France, se perd dans la nuit des temps!

Bien qu'on puisse être sûr de trouver toutes ces erreurs, un jour, en bien meilleure place, j'en serais moins inquiet si je ne sentais devenir de plus en plus imprécise la tradition révolutionnaire.

Marx, qui bien souvent n'y figure que comme ancêtre, Engels inconnu, Lénine, pour ne citer que ceux dont on imprime les noms, apparaissent, dans l'énorme majorité de la littérature communiste actuelle, comme des schémas à côté desquels les yeux les moins ouverts voient s'organiser la vie.

Mais est-il besoin de conjurer des spectres pour y remédier? Car la critique qu'on prétend nous offrir de cet état de choses est pire encore que le mal. Dans les organes des morceaux de l'opposition, on a le goût d'autres fétiches. On y passe son temps à gémir au milieu d'une grande incohérence de propos.

Rien que dans la philosophie et la politique, vois-tu, mon cher Queneau, les désaccords sont bien affirmés.

En voici quelques-uns de mis en cause de ceux à qui tu as adressé ton enquête. Je pourrais maintenant déplorer l'absence de sens moral qui caractérise aussi cette belle époque, parler du comportement des gens dans la vie affective, ce qui est beaucoup plus important qu'on le croit quand il s'agit d'action... Nous n'aurions pas fini...

A part cela, il est toujours utile de s'expliquer et de faire s'expliquer les autres, car si on ne trouve pas d'autres avec qui s'entendre, il ne peut évidemment être question d'action collective.

Ainsi, il me paraît toujours excellent de réunir le plus possible de signatures au bas d'un manifeste objectif. Par exemple, dans le domaine des généralités, contre la répression, contre la guerre, contre l'armée. Il sera difficile d'être plus particulier (par exemple contre le travail) sans accepter l'éventualité d'un déchet. C'est justement une belle expérience à tenter, au moment où si peu de gens veulent vraiment dire ce qu'ils pensent.

A la faveur de ces opérations, on en pourra venir à quelques questions fondamentales (matérialisme, usage de la dialectique, tactique révolutionnaire) qui demandent une mise au point. Espérons que nous aurons pu nous entendre à quelques-uns, pour faire, à temps, cette indispensable besogne.

Mais, d'ores et déjà, je dois dire que je ne compte pas sur MM. Altman, Bernier, Crastre, Fégy, Guitard, Massot, qui ont été ou sont encore mieux que quiconque en place pour bien faire et qui n'ont jamais rien fait que prouver leur incapacité. Qu'on s'en rende compte! Leurs coups de gueule à tort et à travers ne cachent, pour les uns, qu'un crétinisme désespérant, pour les autres que le seul souci d'habiller les révolutionnaires en petits bourgeois.

De même, qu'ils se traînent seuls de fumier en fumier, le cadavre qui s'appelle Artaud et la limace qui a nom Vitrac.

Voilà pour ceux qui ne peuvent plus rien nous apprendre sur eux-mêmes. Mais la liste n'est pas close. Je dois y ajouter, malgré l'incertitude du devenir, des gens plus jeunes.

L'histoire nous apprend que le danger essentiel est toujours dans nos propres rangs. Le moins que j'en puisse dire ici est que je me sens pris de la plus extrême méfiance à l'égard des hommes qui ont successivement formé les groupes Philosophie. Esprit, *pour, à la suite de la plus effarante des évolutions, se trouver à la direction de la* Revue marxiste. *aux côtés de M. Rappoport. Aujourd'hui, ce n'est que la confusion, l'emmerdement, le manque total de sens critique. Demain... (mais de quoi demain sera-t-il fait?)*

Eh bien, je pense que ce n'est déjà plus faire une prédiction que d'affirmer qu'il est dans le cours normal des choses de rencontrer demain, à la Revue marxiste, *le rassemblement de tout ce qu'un communiste sera obligé de combattre.*

Mais, descendons plus bas. Vraiment, il me paraît impossible d'avoir jamais quelque chose en commun avec les petits esthètes du Grand Jeu. *J'avoue que rien ne m'est aussi répugnant que les désespérés-au-sommeil-de-plomb, les pessimistes-à-la-noix et les révoltés de couchette, surtout quand il s'agit là de trucs pour arriver plus rapidement à chanter des cantiques dans les feuilletons, colonnes et autres lieux des* Nouvelles Littéraires.

A leur aise, mais ces voies ne sont pas les nôtres. Et s'il fallait leur abandonner la jeunesse, périsse cette jeunesse dans les patronages de leurs curés.

La lecture des lettres n'ayant soulevé aucun incident, la parole est donnée à André Breton qui, justice rapidement faite des manœuvres qui tendent à la représenter, seul ou avec Aragon, comme devant supporter la responsabilité directe, quoique inavouée, de la démarche du 12 février, accorde que les mots « répression intellectuelle » ont été employés au cours de la lettre d'une manière abusive et impropre. Ceci dit, reste à aborder l'objet même de la réunion. Il est bien entendu que l'ordre du jour n'est pas intangible. Rien de plus risqué et de plus vain que, conscience prise des divergences qu'accusent les lettres et aussi de quelques autres, de soulever immédiatement la question Trotsky et, étant donnée la manière plus que délicate dont elle se pose, de tenir pour vraiment significatif et pour valable, à quelque égard que ce soit, un accord à peu près général susceptible de s'établir à ce sujet. Plusieurs questions préalables sont à résoudre : il y va des droits que chacun peut avoir de prendre position en pareille matière. A l'assemblée de se prononcer d'abord sur le degré de qualification, morale ou autre, mais sans doute morale, de chacun. Ce degré de qualification de chacun est fonction de ce qu'on peut savoir, d'ores et déjà, de son activité. Il implique la stricte considération du rapport qui existe entre les manifestations objectives de l'activité de chacun et ce qu'on sait de chacun en dehors de ces manifestations.

Or, abstraction faite du signe de vie qu'elles ont donné ou non en réponse à la lettre du 12 février, les personnes consultées se répartissent d'elles-mêmes dans deux catégories : alors que les unes semblent s'être délibérément consacrées à l'accomplissement d'une tâche révolutionnaire (Bernard, Fégy, Fourrier, Naville, Thirion), les autres, à en juger par leur comportement général, ne *militent* pas au sens révolutionnaire du mot. Tant s'en faut que pour cela elles aient partie liée les unes contre les autres; elles s'accordent, au contraire, pour se désigner, le cas échéant, celles d'entre elles qui donnent prise à la corruption, celles qui, d'un côté ou de l'autre, se conduisent d'une manière équivoque. A considérer ceux des destinataires de la lettre qui se placent sur le terrain politique, s'il est d'un médiocre intérêt d'apprécier plus longuement l'attitude de Bernier et de Guitard, convient-il de laisser impunément se poursuivre l'activité de Morhange, qui, depuis longtemps, s'est révélée plus que suspecte? Comment l'actuel directeur de la *Revue marxiste* peut-il être le même homme que celui qui écrivit, en octobre 1924, cette lettre adressée aux surréalistes et publiée dans la *N. R. F.*

Messieurs,

J'ai reçu votre lettre mauvaise.

Vivant parmi des esclaves dévoués, vous imaginez qu'il n'est plus d'homme qui ne s'effraye de vos cris. Vous vous trompez infernalement. Et c'est parce que vous êtes le Mal. Mais Dieu sera fidèle à sa parole, sachez-le. Puissiez-vous déjà en douter légèrement.

... Je voyais à nouveau l'Esprit, l'Amour et le Fait d'Homme. Je proclame leur éternité. Et c'est vous qui m'apportez la persécution. Messieurs, cette persécution dérisoire ne saurait nourrir notre âme qu'éternisèrent des persécutions immenses. Vraiment c'est cette faiblesse des haines plus que leur méchanceté qui me désespère.

Malheureux hommes, je vous adresserai des paroles non de haine. Vous avancez pour que je vous combatte. Je vous combattrai. Et je vous vaincrai encore par la Bonté et l'Amour.

Et je vous convertirai au Tout-Puissant.

Alors nous saurons tous que les battements de nos poitrines louent le règne de Dieu.

Gloire à Dieu dans le Ciel et sur la Terre.

Tout ce que nous pouvons savoir de Morhange est de nature à nous faire dénoncer ce qu'il peut entreprendre aujourd'hui. Nous sommes qualifiés pour le faire. Nous disposons des éléments nécessaires. C'est là un travail négatif, si l'on veut, mais qui s'impose. Ce travail est de ceux qui peuvent nous donner conscience de ce que nous sommes. Qui pense autrement? *(L'assemblée consultée manifeste unanimement son accord.)*

A l'intérieur du surréalisme, les défections ne font qu'éclairer de leur vrai jour certaines mentalités : l'arrivisme ignoble d'Artaud et Vitrac, pour qui il n'est pas de sot métier, fût-ce celui d'indicateur de police. Tout comme Morhange, ils se sont d'ailleurs bien gardés de se rappeler aujourd'hui plus qu'il ne fallait à notre attention. Ils ne seront pas les derniers à se caractériser de cette manière : on peut le déduire de quelques-unes des lettres qui nous sont parvenues.

Reste l'espoir qui rassemble ici un certain nombre d'hommes de pouvoir s'unir sans arrière-pensée, ne serait-ce que pour faire aboutir certaines revendications communes tout à fait essentielles qui, sans cela, disparaissent derrière les divergences plus ou moins marquantes de groupement à groupement, voire d'individu à individu. La chance de détermination d'un terrain d'entente dépend de la possibilité de sacrifice provisoire de chaque point de vue particulier. Il s'agit donc, pour ceux qui se réclament du point de vue communiste proprement dit, de faire momentanément abstraction de ce point de vue (et des malentendus plus ou moins graves qui résultent, à l'heure actuelle, de la diversité des thèses en présence : approbation de tous les mots d'ordre, discussion dans le parti, oppositions diverses hors du parti), pour ceux qui se réclament du point de vue surréaliste, qu'il leur paraisse ou non compatible avec le précédent, de faire momentanément abstraction de ce point de vue (et des malentendus plus ou moins graves qui résultent de l'importance variable accordée à l'action sociale, à la subversion sous toutes ses formes, à la poésie, à l'amour, au doute planant sur la réalité, à la violence, etc.), et de même, pour les anciens collaborateurs de *Correspondance,* pour quelques indépendants et pour les collaborateurs actuels du *Grand Jeu,* de faire momentanément abstraction de ce qui les groupe aussi bien que de ce qui les isole. C'est à ce prix (mais chacun en est-il bien convaincu? la réponse globale du *Grand Jeu* ne le prouve pas) que nous parviendrons à imposer une faible partie de ce que nous voulons.

Breton, qui tient à ce qu'il ne soit procédé à l'examen du problème posé par l'exil de Trotsky qu'autant qu'auront été résolues un certain nombre de questions préalables et qu'on se sera entendus sur un certain nombre de concepts fondamentaux, rappelle que, quoi qu'on en ait dit, une position révolutionnaire peut être définie, qui n'implique pas, pour des gens dont les facultés employables sont d'une autre sorte, l'attitude et la vie de militant. Il s'en réfère aux déclarations de

Panaït Istrati, publiées dans le numéro du 23 février dernier des *Nouvelles littéraires*. A l'interviewer, lui rappelant qu'il a écrit : *Je ne suis pas un écrivain de métier et je ne le serai jamais.* Istrati répond : *Je ne suis pas non plus un révolutionnaire de métier et je ne le serai jamais. Contrairement aux révolutionnaires bourrés de doctrine dont la plupart trahissent à tour de bras, ma route, depuis 1902, n'a jamais dévié. Je suis resté le révolutionnaire sentimental qui a soudé son destin à celui des vainqueurs du cuirassé* Cneaz Potemkine, *au débarquement desquels j'assistai en 1905, à Constanza. Je me souviens du grand Matouchenko, le chef des révoltés dont le regard et le dur visage exprimaient cette foi révolutionnaire qui jamais ne devient profession* (1). De cette foi, Istrati a-t-il pu dire que jamais elle ne devient profession, s'est-il servi de l'expression « révolutionnaire sentimental », c'est peu probable mais, au delà de la trahison possible d'un Lefèvre, il n'en reste pas moins que, de la part d'Istrati, comme le montre bien le contexte, il ne s'agit pas de l'affirmation individuelle et platonique d'un état d'esprit de révolte et d'une sympathie indistincte à l'égard des révoltés mais bien d'un espoir absolu dans la Révolution sociale, d'une confiance absolue dans les droits, et dans la force pour les imposer, du prolétariat. Breton demande si chacun partage absoulment cet espoir. *(Oui, à l'unanimité.)*

Ceci étant entendu, sans quoi aucun débat ultérieur n'eut été admissible, il convient d'aborder une question qui reste brûlante et qui s'adresse aux collaborateurs du *Grand Jeu*.

Le *Grand Jeu* s'est signalé jusqu'ici à notre attention : 1° par la publication d'un numéro de revue dont ce n'est pas le moment de faire l'apologie ni le procès mais dont nous retiendrons qu'à côté de déclarations de révolte de caractère anarchiste, on y peut relever une proposition lapidaire concernant la préférence donnée à Landru sur Sacco et Vanzetti et un emploi constant du mot « Dieu » aggravé encore du fait que dans l'un des articles on précise qu'il s'agit bien d'un Dieu unique en trois personnes; 2° par les propos que certains d'entre nous ont été amenés à échanger avec ses rédacteurs, — et ces conversations expliquent, peut-être mieux que le numéro précédent, la présence parmi nous des membres du *Grand Jeu* —; 3° par sa participation avec nous à certaines manifestations publiques de l'espèce de celle du théâtre Alfred Jarry et de la salle des Sociétés savantes (ligue contre la licence des rues); 4° par la communication qu'il nous a faite d'une sorte de pétition destinée à paraître dans les *Nouvelles littéraires*, en réponse à une enquête sur l'état d'esprit des étudiants. On connaît les faits : quatre vingt-trois normaliens ont signé une déclaration contre la préparation militaire. Devant l'émotion soulevée par celle-ci dans la presse et les menaces de répression, ils sont amenés pour la plupart à renier leur signature. Parmi ceux d'entre eux qui n'ont pas faibli, il s'en trouve dix seulement pour accepter de signer un texte plus violent que leur propose l'un d'eux, nommé Bénichou, pour servir de réponse

(1) Breton note que c'est au cours de cette interview qu'Istrati, invité à faire connaître son sentiment à l'égard de Trotsky, n'hésite pas à déclarer : *Trotsky, ou l'opposition, c'est la réserve d'or de la révolution russe. Sans cette réserve, vraiment, je ne sais pas comment il y aurait un progrès révolutionnaire en Russie et dans le monde. Ce serait déjà le piétinement, l'enlisement.* Il ne saurait s'agir, d'ailleurs, d'adopter d'enthousiasme cette conception.

à l'enquête des *Nouvelles littéraires* qui ne se sont faites l'écho que des réponses de caractère réactionnaire. A ces dix signatures viennent s'ajouter celles d'un certain nombre d'étudiants des facultés et, à ce titre, de plusieurs des collaborateurs du *Grand Jeu*. Ce sont ceux-ci qui vont le présenter à Martin du Gard, qui se refuse à le publier. Nous étions au courant de cette démarche; à deux reprises Lecomte et Vaillant, qui nous avaient montré rapidement le texte en question, discutent avec nous de l'opportunité et de la nécessité, que nous faisons valoir, de la publication de ce texte. Mais où le publier? Nous leur en offrons les moyens. Sur ces entrefaites, nous apprenons que les dix normaliens signataires, à la suite d'une mesure prise par le directeur de l'école interdisant formellement aux élèves de l'E. N. S. toute déclaration collective non approuvée par lui, s'alarment et s'opposent à la publication d'un texte qu'ils ont déjà signé, texte qui comporte la condamnation de la famille et de la patrie. Ce texte était alors entre les mains de Gilbert-Lecomte. Ni les déclarations précises faites à Daumal et Vaillant par plusieurs d'entre nous, ni une démarche tentée par André Thirion à l'Ecole Normale auprès de Bénichou ne purent modifier cet état de fait. Que des normaliens signent un texte et renient leur signature, qu'ils n'osent s'exposer au risque que comporte la publication de ce qu'ils ont pensé, il n'y a rien là pour nous surprendre — ne s'agit-il pas d'élèves d'une des grandes écoles bourgeoises? — mais, ce qui est grave, ce qui est de nature à faire douter du sérieux des sentiments mêmes qu'ils expriment, c'est que des intellectuels, qui tendent à se définir sur le plan révolutionnaire, comme certains collaborateurs du *Grand Jeu*, aient eu entre les mains le document dont nous parlons sans en prendre même copie et qu'ils l'aient purement et simplement rendu à leurs *camarades* de Normale.

La discussion s'engage sur ce sujet. Gilbert-Lecomte fait valoir qu'il n'a pas cru devoir passer outre aux volontés des Normaliens parce que certains d'entre eux, sinon tous, lui paraissent des révolutionnaires qu'il n'a pas voulu compromettre et faire mettre à la porte de l'Ecole Normale. Thirion intervient pour dire que lorsqu'il a redemandé le texte à Bénichou il était entre les mains de Gilbert-Lecomte et fait préciser que c'est à la suite de son entrevue avec Bénichou que celui-ci l'a réclamé à Gilbert-Lecomte pour le faire disparaître. Aragon fait observer que le seul service à rendre à un révolutionnaire est de le faire congédier de l'Ecole Normale. Il demande à Gilbert-Lecomte s'il est bien sûr que c'est la crainte de nuire aux signataires qui l'a poussé à agir ainsi, si ce n'est pas plutôt celle de leur déplaire et d'altérer la nature de ses relations avec eux. Allusion ayant été faite à une lettre de Bénichou à André Breton, les collaborateurs du *Grand Jeu* en demandent communication et lecture en est donnée :

Monsieur,

J'ai en ma possession la lettre et les signatures. J'ai suffisamment expliqué à Thirion pourquoi je ne juge pas devoir vous les transmettre. Quel que soit le jugement que par ailleurs je porte sur la personne de la plupart des signataires, certains d'entre eux ont voulu se taire devant la répression. La situation ne permet en rien de les accuser. Vous et vos amis ne faites pas autrement quand, dans une manifestation, les flics vous mettent la main au collet.

D'ailleurs, rien ne vous permet, vu que jusqu'ici vous n'avez couru aucun danger sérieux, d'exercer, sur le point précis dont il est question, un contrôle sûr qui que ce soit. Je m'étonne que vous sembliez exiger un scandale qui ne vous nuirait en rien.

Pour ma part, ce que disait la lettre en question, je compte bien pouvoir le dire encore quand il me plaira et comme il me plaira : la France n'existe pas pour moi et je baise quand j'en ai envie. Plus précisément j'emmerde l'Ecole Normale Supérieure, ce qui probablement n'est pas votre cas, puisque vous avez adressé deux de vos livres en « hommage à la Bibliothèque de l'E. N. S. » (c'est votre dédicace) et que vous avez maintenant l'honneur d'être placé au rayon des Beaux-Arts (BA d 428.29 8°) parmi les livres d'Emile Mâle et autres immondes critiques d'art, si bien que tout normalien curieux de littérature moderne se croit autorisé par vous à vous juger et assuré de votre sympathie.

Je saisis ici l'occasion de vous rappeler l'ignoble article de Lazareff sur Aragon et vous, que j'ai lu dans « Gringoire » il y a un mois et demi. Que vous vous soyez laissé situer de cette façon par le dernier des Cons, c'est votre affaire, et, la polémique n'étant pas mon fort, je n'aurais pas été vous chercher pour vous en parler si vous n'aviez fait naître, ces jours derniers, des circonstances un peu spéciales et où certaines précisions s'imposaient.

J'estime donc nécessaire de vous faire remarquer que, d'une façon générale, les révolutionnaires ne vous doivent aucun compte, que pour ma part je considère votre juridiction comme inexistante et m'y soustrais entièrement. Je serais très étonné que cela ne vous parût pas naturel.

Après de vives protestations de Pierre Bernard et de Marcel Fourrier, Gilbert-Lecomte, parlant au nom du *Grand Jeu*, déclare se désolidariser entièrement du contenu de cette lettre. Bernard fait observer à Gilbert-Lecomte que cette désolidarisation ne touche pas au fond du débat. Il s'agit de sa conduite à lui, Gilbert-Lecomte, en pareille occasion. Ne peut-on craindre que, dans des circonstances plus graves, il compromette de la même façon, pour des raisons de scrupule personnel, une situation où il serait appelé par hasard à jouer un rôle capital? Le comprend-il? Gilbert-Lecomte répond que oui.

Cette dernière partie de la discussion a été marquée par de violents incidents mettant aux prises les collaborateurs du *Grand Jeu* et certains des assistants, notamment Jean Caupenne, qui avaient déjà, dans leurs réponses, manifesté leur défiance à l'égard du *Grand Jeu*.

D'autre part, Breton, sans revenir sur un fait acquis, à savoir la réponse collective du *Grand Jeu*, s'inquiète du maintien au sein d'une assemblée comme celle-ci d'un groupe constitué, auquel bien entendu il serait trop simple d'opposer un ou plusieurs groupes immédiatement reconstituables. Gilbert-Lecomte, au nom du *Grand Jeu*, s'étonne et affirme que de toute façon l'accord qui règne entre les collaborateurs du *Grand Jeu* se trouverait maintenu, qu'ils parlent successivement ou que l'un d'eux exprime leur opinion commune. D'autre part, ils constituent un groupe très jeune, qui n'a jamais pris part à une semblable tentative de rapprochement; ils seraient désireux, comme l'annonçait le post-scriptum de la réponse collective, de connaître les raisons de l'échec des entreprises précédentes, sur lesquelles ils possèdent peu de renseignements. Aragon répond que c'est justement la persistance de liens analogues qui a compromis ces entreprises. Gilbert-Lecomte demandant en quoi, Bernard expose brièvement les faits qui, après la déclaration : « La Révolution d'abord et toujours » ont amené au sein d'un groupement en apparence parfaitement uni (*Philosophies*) une rupture violente entre ses éléments, le dressant, lui Bernard, contre Morhange sur une question essentielle..

Breton déplore à ce sujet que le désir de faire front des collaborateurs du *Grand Jeu* empêche d'apprécier diversement, comme cependant il convient, l'activité des individus. Il lui est impossible de faire une égale confiance à tous les membres de ce groupement sur une simple déclaration de solidarité de leur part. Faut-il bien entendre qu'ils prennent tous à leur charge, *par exemple*, les articles de Roger Vailland parus dans *Paris-Midi?* Vailland déclare immédiatement qu'il sait quels articles vont lui être reprochés: ceux-ci sont d'ailleurs vieux de six mois: d'autre part, conseil pris de ses amis, il ne signe plus ses articles de journal que d'un pseudonyme. On lui fait observer que cela revient au même : ces articles sont de même nature. Gilbert-Lecomte déclare que, bien entendu, le fait de collaborer à un journal donné implique la nature de la collaboration. Aragon proteste et cite l'exemple de Robert Desnos et de Benjamin Péret qui, dans des conditions diverses, n'ont jamais publié rien dont ils aient à rougir. Vaillant déclare qu'il ne s'estime pas plus coupable que l'ouvrier qui fabrique des obus. Protestations diverses (Thirion, Queneau, Bernard, Caupenne, Unik). Lecture est donnée de deux articles : « Le Souvenir de Guynemer » et « l'Hymne Chiappe-Martia ». Voici ce dernier :

« *M. Chiappe est un peu comme un grand-père qui comble de cadeaux ses petits enfants et à qui ceux-ci, pour le remercier, ménagent d'agréables surprises. C'est ainsi que M. Bleu, chef de musique des gardiens de la paix, a composé en grand secret une marche en l'honneur du préfet de police, qui fut jouée au cours d'une récente réunion intime au stade de Pantin.*

« *Je ne voulais pas qu'on sache que c'était mon œuvre, nous dit, M. Bleu. Aussi je l'avais signée du nom de ma mère...* »

Mais comme un enfant qui veut triompher de la modestie de son frère, un des gardiens de la paix qui rédigent le journal corporatif révéla le secret et s'arrangea adroitement pour que M. Chiappe lût l'écho. M. Bleu fut félicité.

C'est avec une voix émue et un bon sourire que le chef de la musique des gardiens de la paix, nous conte, en lissant ses grosses moustaches blondes, ces incidents touchants. Ce Bordelais, qui, après 35 *ans passés dans la capitale, a perdu l'accent natal, faisait déjà de la musique à l'âge de neuf ans.*

« *Mais, jamais je n'eus tant de plaisir à composer un morceau, nous déclare-t-il.* »

Souhaitons que les Parisiens soient également ravis d'entendre dans les squares publics l'hymne intitulé Chiappe-Martia, *à la gloire de l'épurateur de notre capitale.* »

Cette lecture soulève diverses protestations et provoque des altercations difficiles à noter. L'expression : « épurateur de notre capitale » est reprise et soulignée. Fourrier s'étonne de la présence parmi nous du signataire de ces lignes. Gilbert-Lecomte cherche à atténuer l'effet produit par cette lecture en insistant sur l'ancienneté de la publication.

Comme on désire savoir en particulier de chacun des collaborateurs du *Grand Jeu* ce qu'il pense des textes incriminés, Ribemont-Dessaignes qui. depuis quelques temps, a donné des signes d'impatience, se lève et menace de se retirer si l'on continue à faire état des questions de personnes. Il avait espéré. dit-il. que le débat porterait sur des sujets d'intérêt général. On lui répond qu'aucune question d'intérêt général ne peut être débattue avec des individus suspects. Il répond avec colère qu'il sait très bien à quoi tendent de tels procès et met en cause. à cet égard. Aragon et Breton. déclarant qu'il les a toujours vu agir ainsi et se complaire uniquement à un travail de juge de paix. Au milieu de divers mouvements. Breton le prie de ménager ses expressions. Ribemont-Dessaignes défend Vailland en disant qu'il faut bien que celui-ci « gagne son pain » et que ceux qui lui reprochent de tels articles. en interrogeant bien leur conscience. trouveraient probablement dans leur vie des choses aussi répréhensibles au point de vue révolutionnaire. Protestations multiples : on somme Ribemont-Dessaignes de s'expliquer. On apprend en tout et pour tout qu'Aragon et Breton ont collaboré jadis à la *Nouvelle Revue Française* et à *Commerce*. Breton prend violemment à parti Ribemont-Dessaignes et l'accuse de ne vouloir quitter la salle que pour éviter d'être lui-même gravement mis en cause: N'est-il pas venu deux jours plus tôt demander à Aragon et à lui-même leur collaboration pour une nouvelle revue luxueuse. payant cinquante francs la page. qu'il dirige pour la France sans bien connaître ses répondants pour l'étranger? (1) Ribemont-Dessaignes fait mine de rester pour se prêter à des explications mais. comme en entend en finir d'abord avec le cas Vailland. il déclare n'avoir pas de temps à perdre et gagne la sortie. accompagné de diverses huées et de cris : « A la porte! ».

Après son départ. la discussion reprend. Il s'agit de savoir si les collaborateurs du *Grand Jeu* se solidarisent avec les articles de Vailland. Il est très difficile d'en avoir le cœur net : une première déclaration collective. dont quelqu'un signale le caractère *chevaleresque*, ne satisfait pas l'assemblée. Aragon essaye d'expliquer à Vailland qu'il n'est pas admissible qu'on passe outre. au mépris des graves arrières-pensées qui subsisteraient envers lui. On interroge nominalement chacun des collaborateurs présents du *Grand Jeu*. C'est d'une voix hésitante, c'est le moins qu'on puisse dire. que chacun d'eux déclare trouver ces articles regrettables et que certains même affirment que. pour leur propre compte. ils ne les auraient pas écrits. Néanmoins, au delà de ces articles, ils sont tous disposés à faire confiance à Vailland. A cet instant, Thirion se lève et déclare avec indignation qu'il ne restera pas un instant de plus avec des gens qui supportent que l'un d'eux se livre à l'apologie de Chiappe. « l'épurateur de notre capitale » : cette expression suffit, du point de vue auquel il se place. et il n'est pas le seul à s'y placer dans cette salle. à lui faire considérer Vailland comme un policier. Il quitte la salle.

Les dernières paroles de Thirion ayant soulevé les protestations du *Grand Jeu*. Aragon. n'abandonnant que le caractère injurieux de ces paroles, s'élève contre toute appréciation de la conduite de Thirion. Il fait un nouvel appel à la compréhension des collaborateurs du *Grand*

(1) *Bifur*.

Jeu, leur affirmant que, pour sa part, pour celle de Fourrier, de Queneau et d'Unik, il ne s'était jamais agi de les convoquer dans l'intention de les injurier mais que, comme à des degrés divers l'affaire de Normale et la collaboration de Vailland à *Paris-Midi* en faisaient foi, aucune activité commune avec eux n'était possible avant qu'ils eussent pris nettement conscience de ce que la plupart d'entre nous leur reprochaient. Vailland déclare regretter ses articles. Peut-on, dans ces conditions, lui faire confiance? On vote à mains levées. Seuls les collaborateurs du *Grand Jeu* font confiance à Vailland. Après un tel vote, toute possibilité d'action commune est-elle écartée? Les collaborateurs du *Grand Jeu* acceptent, en principe, si une telle action devait être engagée, de n'y figurer qu'à titre individuel et non en tant que membres d'un groupement. Malgré les protestations de plusieurs assistants opposés à toute collaboration avec *Le Grand Jeu*, Vailland est sollicité à plusieurs reprises de proposer lui-même une démarche susceptible de pallier à l'effet des articles qu'il regrette. Vailland, qui semble assez désemparé, ne trouve rien. C'est alors qu'à son défaut Breton fait une proposition minima : Vailland écrira une lettre, qui sera reproduite dans le prochain numéro du *Grand Jeu* et dont, par ailleurs, il laissera les surréalistes libres de faire usage, lettre dans laquelle il désavouera formellement ses articles en reproduisant et commentant ls termes de « L'Hymne Chiappe-Martia » et en caractérisant son attitude d'une façon qui ne laisse pas d'équivoque. Vailland, d'accord avec ses amis, en prend l'engagement. Dans ces conditions, sous réserve de l'appréciation des termes de la lettre de Vailland, la possibilité d'une collaboration avec les membres du *Grand Jeu* est à nouveau mise aux voix à la suite d'une déclaration de Fourrier qui consent à accepter cette procédure. Alexandre, Kasyade, Mégret, Queneau et Unik se prononcent seuls contre toute collaboration. La séance est levée. On attendra de recevoir la lettre de Vailland pour poursuivre ultérieurement des débats dont la multiplicité des questions personnelles a seulement permis de poser le principe.

Le 14 mars 1929, Roger Vailland adressait à André Breton la lettre suivante :

Cher ami,

On a pris lundi soir prétexte de ma collaboration à Paris-Midi *et, en particulier d'un article paru il y a plusieurs mois et signé de mes initiales, sur M. Bleu, chef de la fanfare de la police municipale, pour m'accuser sur le point qui m'est le plus sensible : pour la première fois dans ma vie on affecta de soupçonner ma sincérité révolutionnaire. J'ai bien voulu répondre parce que j'ai jugé que la cause qui nous réunissait valait la peine que je sacrifie ce que j'appellerai provisoirement de l'amour-propre.*

Mais je mets en doute la sincérité de mes accusateurs. Ne savaient-ils pas pertinemment que, profondément et réellement, je vomis toutes les polices? que quand je le déclare c'est tout mon être qui le déclare; et je vous autorise, vous et n'importe qui, à faire n'importe quel usage, de cette déclaration que je revendique pleinement.

Ne savaient-ils pas aussi que, par contre, je n'attache aucune importance aux articles que j'ai écrits, écris et écrirai dans Paris-Midi *ou autres journaux bourgeois pour gagner ma vie. Ils n'ont pour moi aucune réalité au seul sens valable de ce mot. J'ai déjà invoqué l'exemple classique du prolétaire qui fabrique des obus. Et me faire un grief moral de les écrire témoigne d'une bien étrange conception de la responsabilité.*

Je précise : il eût été normal qu'on discutât pour savoir si ma collaboration à un journal bourgeois pouvait nuire à l'action que nous entreprenions. Tel eût été le point de vue de tout vrai révolutionnaire.

Mais qu'on prenne prétexte de cette collaboration pour prononcer sur ma personne un jugement moral, ou, plus généralement, qu'on prenne prétexte d'un acte dont on ignore même les mobiles, pour juger un être, je ne puis l'admettre. Vous reconnaîtrez vous-même que c'est là le procédé habituel des tribunaux bourgeois.

D'ailleurs, Jacques Prévert que j'ai rencontré depuis, m'affirme que, vous ayant apporté lui-même l'article « incriminé », vous lui aviez dit, sans humour, que vous trouviez normal qu'on prenne cette façade pour gagner sa vie. Mais ce n'est pas ma manière de vous reprocher un changement d'opinion quant à un fait aussi particulier et aussi dénué d'intérêt.

Mais j'ai tout de même été surpris, puis indigné du ton pris par la plupart des personnes présentes au débat de lundi soir. Et, encore une fois, il ne s'agit pas là d'une susceptibilité dont je fais bon marché en face de la cause qui nous réunissait.

J'attends votre réponse avec impatience.

Nous nous excusons auprès de nos lecteurs de reproduire in-extenso un pareil tissu de palinodies. Cela nous dispense de tout commentaire. Voilà donc comment ces messieurs, une fois de plus, tiennent leurs engagements; voilà de quoi ils sont tous solidaires. Que M. Vailland vomisse la police, c'est une image, pas très belle. Il sera vomi avec elle.

On se souvient que le vote du 11 mars, concluant à la possibilité d'une entente avec les collaborateurs du *Grand Jeu*, était conditionnel : la lettre de Vailland l'annule, et si la consultation consécutive à la lettre du 12 février peut avoir des suites et un sanctionnement, cela dépasse le cadre du présent exposé. Nous avons surtout voulu montrer certains intellectuels à l'œuvre et, à ce titre, nous nous en voudrions de passer sous silence la lettre suivante :

12 mars 1929.

Cher ami,

Mon admiration pour vous ne dépend pas d'un soupèsement perpétuel de vos « vertus » et de vos « torts ». Vous pensez bien que les reproches que je vous ai adressés hier soir, à vous comme aux autres surréalistes, ne sont qu'un argument en réponse à votre manière d'agir. Et je vous prie de croire que cela n'engage en rien le sentiment que je puis nourrir envers vous et Aragon, et qui reste entier.

Mais, ceci dit, j'ajoute que je remporte de la mentalité qui a présidé à la réunion d'hier une impression de tristesse qui me repousse dans mon isolement.

Ainsi, voilà à quoi aboutit toute votre volonté commune : jugement, jugement, jugement, et de quelle sorte! Votre action révolutionnaire : lessive de personnes. En somme, avez-vous jamais fait autre chose?

Toute tentative collective n'a-t-elle jamais été autre chose que de perpétuels problèmes personnels, et généralement d'une mesquinerie de collégiens? Quand aurez-vous fini de prendre la température des gens qui sont le plus proches de vous? En fait d'action révolutionnaire, vous n'avez fait, je le répète, que du lessivage en famille. Cela n'a jamais franchi le petit cercle des personnages qui vous entourent, et, à ce sujet, il est même bien regrettable que, pour exécuter quelques-uns qui ont cessé de vous plaire, vous soyez si peu difficiles sur la qualité des autres.

Je considère que la besogne de soi-disant épuration, de soi-disant mise au point à laquelle vous vous livrez, est absolument contre-révolutionnaire. *Elle vous condamne à l'impuissance qui est la marque du mouvement surréaliste. Elle justifie l'opinion que l'on a de ce mouvement dans le parti communiste, c'est-à-dire dans la Révolution sociale en ce qu'elle comporte de précis. Je suis renseigné là-dessus. Et pourtant le dit parti n'est pas difficile en fait de méthodes personnelles!*

Au lieu de détruire les mentalités contre-révolutionnaires, c'est vous-même que vous détruisez, dans la stérilité la plus désolante. Il serait certainement plus drôle de rendre l'existence de Poincaré impossible et de l'obliger au suicide, ou de figer une fois pour toutes le sourire de M. Doumergue.

Vous paraissez, au dessous des considérations personnelles, avoir un souci constructif. Or, toute volonté d'action constructive me semble être de la littérature. Vous la fuyez, mais elle vous tient, et tous les motifs qui vous guident et ce qui en résulte, restent ce que vous vomissez cependant, de la littérature.

Vous êtes incapables d'adopter et de conserver tout au moins le point de vue négatif auquel je reste fidèle. Votre attitude ne peut que me refouler vers l'anarchie — avec toutes les réserves que vous admettrez que je puisse faire, ce mot ayant été affreusement compromis par de vagues politiciens.

Je profiterai d'ailleurs de cette lettre pour fixer ma position vis-à-vis du communisme : j'attends la révolution prolétarienne et j'y pousserai, quoique j'estime que l'action des intellectuels de notre sorte soit bien faible. C'est le prolétariat qui fera la révolution (et il ne paraît pas du tout disposé à la faire en France, ne vous en déplaise). Et, par prolétariat, j'entends que les accommodements d'ailleurs compréhensibles de Fourrier tombent devant les faits. Voyez Russie.

Mais en ce qui concerne la période constructive révolutionnaire (si l'on peut dire!), zut pour le communisme (ce qui s'accompagne de merde *pour les autres formes de construction sociales).*

Les « conceptions sociales » me paraissent être bien faiblement révolutionnaires en ce qu'elles ont de constructif. Je persiste à croire que l'action occulte collective ou individuelle a la plus grande force. Aussi, laissez-moi rire devant l'attitude de puriste que vous vous croyez obligés d'avoir officiellement sur un tas de sujets, ma revue y compris.

Pour ce qui est de l'action collective ou individuelle, voici mon point de vue : une action collective est possible à condition qu'elle se fasse par un accord spontané, une adhésion qui n'a rien à voir avec la volonté, et qu'elle soit une force des choses. L'organiser comme des bureaucrates, fussent-ils communistes, avec une discipline de caserne, des airs de petits juges, est proprement stupide — cette tyrannie et cette discipline vont à l'encontre de leur but et détruisent toute possibilité d'unanimité véritable.

Je m'élève de nouveau de toutes mes forces contre les mœurs que vous voulez maintenir, contre la mauvaise foi qui a règné durant la réunion de la rue du Château, et contre le guet-apens mal organisé (ou très bien si l'on envisage cela d'un point de vue « commissariat de police »), qui se cachait sous le prétexte Trotski.

J'entends encore Aragon se défendre avec véhémence sous le reproche d'agression préméditée et de mauvaise foi, et je vous vois ensuite ouvrir votre petit cahier révélant, avec ses pièces amassées, la preuve du guet-apens.

Jolies mœurs en vérité, et bel appareil qui pourrait faire illusion en des circonstances qui en voudraient la peine. L'Epluchage du Grand Jeu, *le nom de Dieu et les reportages — et le mot* Révolte *que vous affectez de mépriser alors qu'il pourrait peut-être vous dépasser — mais oui, mais oui, cher ami... seulement ce ne sont là qu'histoires de collège et toute votre activité y passe, et lorsque vous avez fait la blanchisseuse, cette énorme activité est bien fatiguée.*

Vous êtes des bureaucrates de la pureté et du jugement.

Et puis, Breton, l'orgueil vous perd. Vous êtes trop satisfait lorsque quelques imprudents vous entourent la tête d'une gloire de hurlements. Mais l'êtes-vous intérieurement? C'est une autre affaire.

Je sais ce qu'on dit de vous, et aussi ce qu'on est disposé à en attendre. Vous l'ignorez. Le succès de Nadja *(je ne parle pas du succès purement littéraire) devrait cependant vous renseigner, et vous détourner d'une pseudo-activité qui ne masque que de la littérature et de ridicules questions personnelles sous des dehors révolutionnaires. Gare au révolutionnarisme professionnel!*

*Je ne comprends pas comment le fait de jouer son Staline au petit pied, son Staline de pacotille (le vrai Staline n'est déjà pas drôle), peut être tentant. Quant à servir la révolution, c'est comique, on croirait vraiment lire la page relative à la discussion dans le Parti dans l'*Humanité *ou les résolutions du Comité central, ou du B. P., mais en moins bien. En cas de révolution, je suis sûr que vous serez mis hors d'état de nuire, dès le début.*

Je demeure avec vous pour tout ce que j'aime en vous Breton, en Aragon, et en plusieurs de vos amis (dont Bernard — et je crois qu'avec Fourrier je pourrais m'entendre après discussion sur plusieurs points, mais j'ai horreur du petit jeu que vous répétez trop souvent, caricature de tous les souvenirs historiques révolutionnaires, avec mots célèbres des Grands Hommes.

Je suppose que vous me ferez la grâce de comprendre les raisons de cette lettre, et d'y voir en fin de compte l'amitié souvent admirative que j'ai pour vous.

Votre
G. Ribemont-Dessaignes.

P. S. — *Bien entendu je tiens pour nulles certaines injures de séance, comme celle qui, à minuit et demie, après 3 heures et demie de stérile obscurité, prétendait que je partais au moment qu'on jugeait quelqu'un. Je suis malade, il me fallait regagner la Garenne. Je suppose n'avoir jamais donné d'exemple de lâcheté de cet ordre. D'ailleurs, peu importe.*

De quoi faut-il donc discuter encore en 1929! Retenons de ce dernier document le témoignage d'admiration que son signataire apporte à des gens qui font, à son avis, « une besogne contre-révolutionnaire ». Retenons aussi pour rire la leçon qui nous est faite, entre mille, par l'imprudent amateur de musique municipale : « Tel eût été le point de vue de tout vrai révolutionnaire ». phrase qui, sous sa plume, fait véritablement autorité.

Pour nous, sans prétendre détenir en pareille matière la vérité, nous nous contentons d'apporter ici les pièces d'un procès que nous poursuivons, ne redoutant guère d'en voir dégager nos mobiles. On y trouvera des redites: ce n'est pas par pure complaisance que nous avons transcrit tant de déclarations que d'autres auraient négligées en raison de leur burlesque: nous nous faisons peu d'illusions sur le caractère distrayant de ce qui précède : ne nous en excusons pas. Ce manque de désinvolture de notre part, le temps apparemment perdu à résoudre des problèmes d'un intérêt si restreint — des problèmes qu'il suffirait, pourrait-on croire, de ne pas poser — ce goût de la récidive en pareille matière, tout cela serait entièrement inexplicable si l'on ne devinait que nous ne nous acharnons à démasquer des individus d'un aspect si inoffensif que parce que nous savons que c'est sous cet aspect que se présente la graine de zigotos qui, à la faveur de quelques petits travaux littéraires, trouvent toujours moyen d'en imposer, pendant un temps plus ou moins court, jusqu'à ce que quelque évènement social, de caractère bouleversant, leur fasse perdre toute prudence. Nous les avons vus en 1914; c'étaient alors des gens connus dont l'effroyable ineptie n'a pas encore cessé de nous étonner, de Bergson à Claudel (« Tant que vous voudrez, mon général »). La génération suivante, dont nous avons connu les lamentables commencements, est en bonne voie pour les égaler. On ne nous fera pas croire que cette célèbre racaille ait attendu la gloire pour se définir ignoblement. Le métier d'intellectuel s'exerce avec une telle impunité qu'il est inutile d'attendre, pour les signaler à l'attention publique, que les petits garçons inoffensifs soient devenus des hommes respectés, qui apporteront au service de ce que nous haïssons les ressources d'une longue pratique confusionnelle et l'art de faire le beau devant les chiens.

L. A.
A. B.

VARIÉTÉS

Revue mensuelle illustrée de l'esprit contemporain
DIRECTEUR : P.-G. VAN HECKE

NUMERO HORS SERIE ET HORS ABONNEMENT

Le Surréalisme en 1929

•

SOMMAIRE :

ILLUSTRATIONS :

REPRODUCTION D'UN AUTOGRAPHE DE LAUTRÉAMONT

TABLEAUX ET DESSINS DE :

Max Ernst — Emile Savitry — Yves Tanguy — Man Ray — Georges Malkine — Arp — Francis Picabia — Frédéric Mégret — Joan Miró — René Magritte — Gustave Courbet — Edouard Detaille — Henri Rousseau — Hélène Smith — Max Morise — Paul Nougé — E. L. T. Mesens

et de nombreux portraits et photographies

●

Ce numéro hors série et hors abonnement de « Variétés » a été composé par les soins de MM. André Breton et Aragon. Il a été tiré à 2,000 exemplaires, à Bruxelles, le 1er juin 1929, sur les presses des Anciens Etablissements Aug. Puvrez

PRIX DE CE NUMERO A LA SOUSCRIPTION :

10 francs belges, pour la Belgique; 10 francs français, pour la France; 1 florin pour la Hollande; 3 belgas pour les autres pays

---

« VARIETES » : DIRECTION - ADMINISTRATION - PUBLICITE

Bruxelles : 11, avenue du Congo — Téléphone 895.37

Compte chèque-postal : P.-G. van Hecke n° 2152.19

Dépôt exclusif à Paris : LIBRAIRIE JOSÉ CORTI, 6, rue de Clichy

Dépôt pour la Hollande: N. V. VAN DITMAR, Schiekade, 182, Rotterdam

L'HUMOUR

par

SIGM. FREUD

Dans mon écrit sur *le Comique et ses rapports avec l'Inconscient* (1905), je n'ai, en somme, traité l'humour que du point de vue économique. Il m'importait de trouver la source du plaisir que l'on trouve à l'humour, et je crois avoir montré que le plaisir humoristique provient de la force de sentiments accumulés.

L'acte humoristique se produit de deux manières, soit sur une seule personne qui prend elle-même l'attitude humoristique, tandis que la seconde a le rôle du spectateur et du profiteur, soit entre deux personnes, dont l'une n'a aucune part à l'acte humoristique, tandis que la seconde fait de cette personne l'objet de sa contemplation humoristique. Si, pour nous servir de l'exemple le plus grossier, le délinquant qu'on conduit à la potence un lundi, fait la remarque : « Eh bien, la semaine commence bien », il développe lui-même l'humour, l'acte humoristique s'accomplit sur sa personne et lui apporte sans doute une certaine satisfaction. Sur moi, spectateur désintéressé, l'humour du criminel agit, pour ainsi dire, de loin; je ressens peut-être de même que lui, le plaisir humoristique.

Le second cas se produit quand, par exemple, un poète ou un conteur décrit la manière d'être de personnes réelles ou imaginées. Il n'est pas indispensable que ces personnes montrent elles-mêmes de l'humour; l'attitude humoristique n'incombe qu'à celui qui la prend pour objet, et le lecteur ou l'auditeur profite de l'humour, comme dans le premier cas. D'une manière générale, on peut dire que l'attitude humoristique — quel que soit son contenu — peut être dirigée contre soi-même ou contre une personne étrangère; il est probable qu'elle apporte un plaisir à celui qui en est l'auteur; un plaisir semblable échoit à l'auditeur désintéressé.

Nous comprenons le mieux la genèse du plaisir humoristique en nous occupant du processus qui se passe chez l'auditeur devant lequel un autre développe de l'humour. Il voit cet autre dans une situation qui fait prévoir des marques extérieures d'un sentiment quelconque; il se plaindra, il souffrira, il s'effrayera, il aura peur, peut-être même désespérera-t-il, et l'auditeur-spectateur est prêt à le suivre, à laisser naître en lui les mêmes sentiments. Mais cette disponibilité est déçue, l'autre n'extériorise aucun sentiment, mais fait un mot d'esprit; ce sont les sentiments accumulés de l'auditeur qui se transforment alors en plaisir humoristique.

On en est vite arrivé-là, — mais l'on se dit aussi bientôt que c'est ce qui se passe chez l'autre, chez l'« humoriste », qui mérite la plus grande attention. Il n'y a aucun doute, l'essence de l'humour consiste à accumuler les sentiments auxquels la situation donnerait lieu et à vaincre la possibilité d'une telle extériorisation de sentiments au moyen d'un bon mot. A ce point, le processus de l'humoriste doit coïncider avec celui de l'auditeur, ou plutôt, le processus qui a lieu chez l'auditeur doit être la copie de celui qui a lieu chez l'humoriste. Mais comment l'humoriste arrive-t-il à établir cette attitude physique, qui lui rend superflue l'extériorisation affective, que se passe-t-il dynamiquement en lui au point de vue de « l'attitude humoristique »? La solution du problème doit être cherchée sans doute chez l'humoriste; auprès de l'auditeur il ne peut être question que d'un écho, d'une copie de ce processus inconnu.

Il est temps de nous familiariser avec quelques caractères de l'humour. L'humour n'a pas seulement un caractère de délivrance, tel que le spirituel ou le comique, mais aussi quelque chose de grandiose et de sublime, traits qui ne sauraient exister dans les deux autres sortes de plaisir résultant d'une activité intellectuelle. Le côté grandiose se trouve sans aucun doute dans le triomphe du narcissisme, dans l'invulnérabilité victorieusement affirmée du moi. Le moi refuse de subir une offense, de souffrir par des causes venant de la réalité, il persiste à croire que les traumas du monde extérieur n'ont aucune prise sur lui, il va même jusqu'à prouver qu'ils lui fournissent des motifs de son plaisir. Ce dernier trait est absolument essentiel à l'humour. Supposons que le criminel qui va être exécuté un lundi eut dit : « cela m'est égal, qu'importe qu'un type comme moi soit pendu, le monde n'en périra pas », cela donnerait à penser que ces propos, bien qu'étant empreints de cette supériorité grandiose sur la situation réelle, bien qu'étant sages et autorisés, ne contiennent cependant pas la moindre trace d'humour, ils reposent même sur une évaluation de la réalité qui est diamétralement opposée à celle de l'humour. L'humour n'a pas un caractère de résignation, mais un caractère de bravade, il ne signifie pas seulement le triomphe du moi, mais aussi celui du principe de plaisir, capable de s'affirmer dans ce cas malgré la défaveur des conditions réelles.

Par ces deux caractères, le refus des exigences de la réalité et l'affirmation du principe de plaisir, l'humour approche des processus régressifs ou rétrogrades, qui nous occupent si particulièrement dans la psychopathologie. Par sa défense contre la possibilité de souffrance, il occupe une place dans la grande série de ces méthodes qui se sont formées dans la vie de l'âme humaine pour se soustraire à la contrainte de la souffrance, série qui commence par la névrose et la folie et dans laquelle sont comprises l'ivresse, la contemplation excessive de soi-même, l'extase. L'humour doit à cette relation une dignité dont le spirituel, par exemple, est tout à fait exempt, car, ou bien celui-ci ne sert que le plaisir, ou il met le plaisir au service de l'agression. En quoi consiste l'attitude humoristique, par laquelle on se refuse à la douleur, on accentue l'invulnérabilité du moi par le monde réel, on affirme victorieusement le principe de plaisir, mais tout ceci, sans quitter, comme d'autres méthodes qui renferment les mêmes intentions, les limites de la santé psychique? Les deux processus semblent inconciliables.

Si nous considérons la situation dans laquelle quelqu'un prend une attitude humoristique envers d'autres, on est amené à la considération que j'ai déjà timidement indiquée dans le livre sur le Spirituel et selon laquelle cette personne se conduit envers la seconde comme l'adulte envers l'enfant, dans ce sens qu'il reconnait la vanité et sourit des intérêts et des souffrances qui semblent importants à celui-ci. L'humoriste prend donc sa supériorité du fait qu'il adopte le rôle de l'adulte, le rôle d'identification paternelle en quelque sorte, et rabaisse les autres au rôle d'enfants. Cette hypothèse coïncide bien avec l'état des choses, mais elle ne semble pas convaincante. On peut se demander pourquoi l'humoriste s'attribue ce rôle.

Mais on se souvient de cette autre situation sans doute plus primitive et plus significative, dans laquelle quelqu'un prend l'attitude humoristique envers sa propre personne pour se défendre, de cette manière, des possibilités de souffrance. Cela a-t-il un sens de dire que quelqu'un se traite soi-même comme un enfant et joue en même temps avec cet enfant le rôle de l'adulte supérieur?

Il me semble que nous donnerons un appui sérieux à cette conception peu plausible, en considérant ce que des expériences pathologiques nous ont révélé sur la structure du moi. Ce moi n'est pas une chose simple, mais renferme, comme un noyau, une instance particulière, le sur-moi, avec lequel il coïncide parfois, de façon que nous ne pouvons pas distinguer les deux, tandis que dans d'autres circonstances, ils se distinguent absolument l'un de l'autre. Le sur-moi est génétiquement l'héritier de l'instance parentale, il tient souvent le moi dans une dépendance sévère, le traite réellement encore comme jadis les parents — ou le père — traitaient l'enfant. Nous obtenons donc une explication dynamique de l'attitude humoristique, si nous supposons qu'elle consiste dans le fait que l'humoriste a enlevé l'accent psychique de son moi pour le transmettre au sur-moi. A ce sur-moi amplifié de cette façon, le moi peut ainsi sembler tout à fait petit, tous ses intérêts minimes et, dans cette nouvelle répartition de l'énergie, il peut être facile au sur-moi de réprimer les velléités de réaction du moi.

Fidèle à notre manière d'expression, nous dirons, au lieu de transmise de l'accent psychique : déplacement de grandes sommes accaparées. On peut se demander alors si nous avons le droit de nous représenter de si vastes déplacements d'une instance de l'appareil psychique à une autre. Cela ressemble à une nouvelle supposition « ad hoc », mais nous nous souviendrons qu'à plusieurs reprises, bien que trop rarement, nous avons compté avec un pareil facteur, dans nos essais d'une représentation métapsychologique des faits psychiques. C'est ainsi que, par exemple, nous avons supposé que la différence entre la zône ordinaire occupée par des objets érotiques et l'état amoureux consistait en ce que, dans le dernier cas, une somme d'accaparement incomparablement plus grande est transmise à l'objet, que le moi se déverse, pour ainsi dire, dans l'objet. En étudiant quelques cas de paranoïa, j'ai pu constater que les idées de persécution se forment très tôt et subsistent longtemps sans avoir un effet sensible, jusqu'au moment où, pour une raison précise, elles reçoivent les sommes d'accaparement qui les font devenir dominantes. Aussi, le traitement de ces paranoïaques consiste-t-il plutôt dans la suppression de l'accaparement conféré aux idées de persécution que dans une solution et une correction de ces idées. L'alternance de la mélancolie et de la manie, d'oppression cruelle du moi par le sur-moi, et la délivrance après un tel état d'oppression nous a fait l'impression d'un pareil changement d'accaparement, dont on devrait d'ailleurs se servir pour expliquer toute une série de symptômes de la vie psychique normale. Si cela n'a été fait que très peu jusqu'à présent, c'est la retenue plutôt louable de notre part qui en est la raison. Le domaine dans lequel nous nous sentons sûrs est celui de la pathologie de la vie psychique; c'est là que nous faisons nos observations, que nous acquérons nos convictions. Nous n'osons juger provisoirement le normal que dans la mesure où nous devinons le normal dans les isolements et les contractions du pathologique. Cette retenue vaincue, nous reconnaîtrons l'importance de données statistiques, ainsi que du changement dynamique dans la somme d'accaparement d'énergie, pour la compréhension des processus psychiques.

Il me semble donc que la possibilité proposée ici, que la personne, dans une situation déterminée, surcharge subitement son sur-moi qui lui fait changer les réactions du moi, mérite d'être retenue. Ce que je suppose être juste pour l'humour, trouve une analogie remarquable dans le domaine comparable du spirituel. J'ai supposé que le spirituel devait sa naissance au fait qu'une pensée préconsciente était livrée pour un moment au travail inconscient, que le spirituel est donc la contribution au comique fourni par l'inconscient. D'une manière tout à fait analogue, *l'humour serait donc la contribution au comique par l'intermédiaire du sur-moi.*

Le sur-moi nous est connu par ailleurs comme un seigneur sévère. On dira que cela va mal à ce caractère de consentir à rendre possible au moi une petite réalisation de plaisir. Il est exact que le plaisir humoristique n'atteint jamais l'intensité du plaisir dû au comique ou au spirituel, s'il ne s'extériorise jamais en un rire cordial; il est vrai aussi que le sur-moi, en amenant l'attitude humoristique, chasse, au fond, la réalité et sert une illusion. Mais nous accordons — sans bien savoir pourquoi — une grande valeur à ce plaisir peu intense, il est pour nous particulièrement réconfortant et délivrant. Aussi le bon mot que fait l'humour n'est-il pas l'essentiel, il n'a que la valeur d'une épreuve; la chose principale est l'intention que sert l'humour, qu'il se manifeste envers la propre personne ou envers des personnes étrangères. Il veut dire : Vois donc, voilà ce qu'est le monde, qui semble tellement redoutable. Un jeu d'enfant juste assez bon pour donner l'occasion de faire un bon mot.

Si c'est vraiment le sur-moi qui, dans l'humour, parle d'une façon si aimante et si consolante au moi intimidé, nous voulons nous souvenir à cette occasion que nous en avons encore de toutes sortes à apprendre au sujet du sur-moi. D'ailleurs, ce ne sont pas tous les hommes qui sont capables de prendre l'attitude humoristique, c'est là un don rare et délicat et bien des personnes ne sont même pas capables de jouir du plaisir humoristique. Et enfin, si le sur-moi tend par l'humour, à consoler le moi et à le préserver des souffrances, il ne contredit point par là son origine dans l'instance parentale.

Et ceux qui emportent la criminel à-près 30 ans de [illegible]. [illegible] habitude n'est pas une loi absolue ; ce serait au bout d'un certain temps l'abnégation, la perfection même parfaite.

liberté, ou ce même marchand blanchi par un travail honorable, enchaîné par l'acte réitéré de sa volonté à la loi de l'honneur, et qui, se sentant désormais comme incapable de tromper, s'est fait, par l'emploi même de son libre arbitre, le serviteur de la probité ? Qui estimez-vous plus libre, ce jeune homme qui se demande s'il veut mentir, et qui sent sa liberté dans son hésitation même, dans ce choix possible entre son devoir et quelque basse tentation, ou ce même jeune homme qui, par la pratique assidue des lois de la vérité, est devenu l'esclave volontaire de sa parole ? Nous estimons libre, dans le plus haut sens du mot, celui qui est affranchi du mal. L'obéissance en face de la tentation vaincue est l'acte de la liberté naissante qui choisit le bien ; et lorsque la tentation a disparu devant l'amour du bien, l'obéissance pleine, entière, joyeuse, sans hésitation, est l'accomplissement et la plénitude de la liberté. C'est ainsi que, dans nos ténèbres mêmes, nous rencontrons quelques lueurs qui nous permettent de comprendre le passage de la liberté primitive à la liberté pleine, sans que le mal paraisse, parce qu'il disparaît, à titre de mal simplement possible, sans avoir été jamais accompli.

+ N'écrivez pas cette phrase, puisqu'il n'y a que Dieu qui soit affranchi du mal. Et encore.

Ce programme du développement spirituel a-t-il été suivi quelque part ? Levez les yeux vers le ciel ; je parle du ciel des astronomes. Le monde est grand : vous ne pensez pas, je l'imagine, que toute la famille de Dieu soit confinée sur notre terre, que le

Notes marginales à un exemplaire du *Problème du Mal* de Naville

Paris

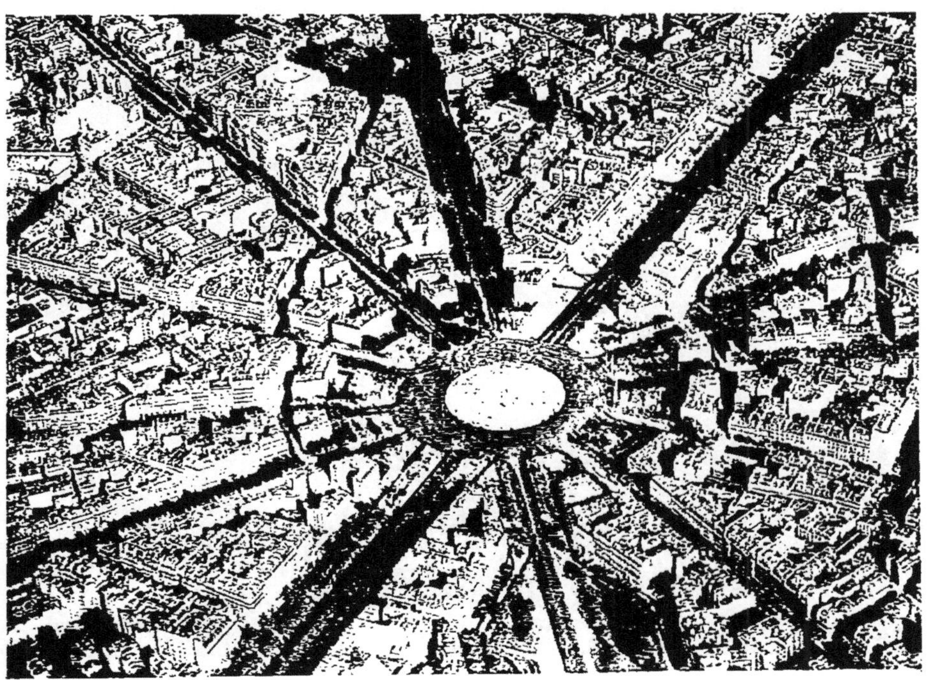

L'Etoile

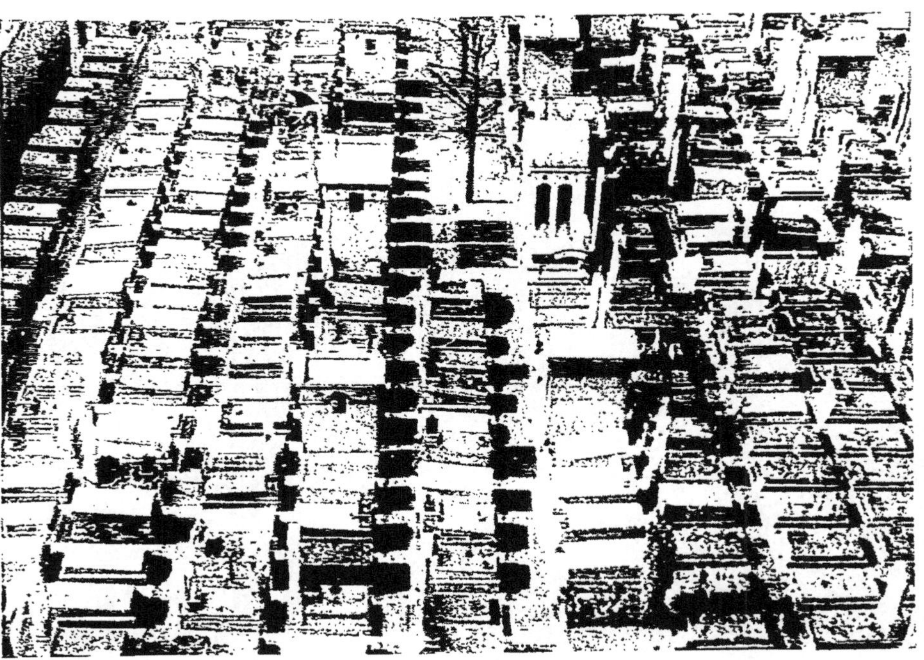

Montparnasse

Ainsi font...

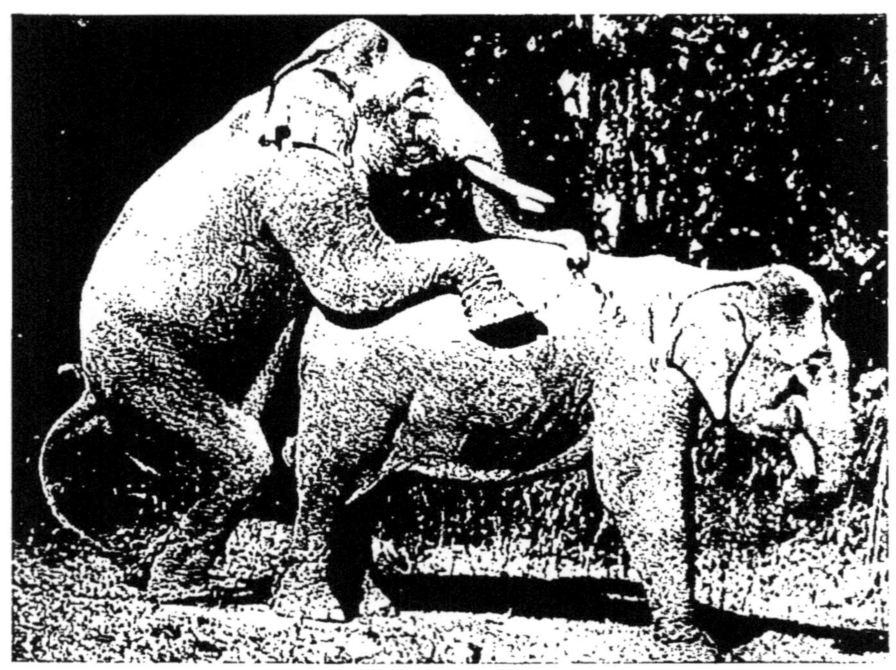

Eléphants

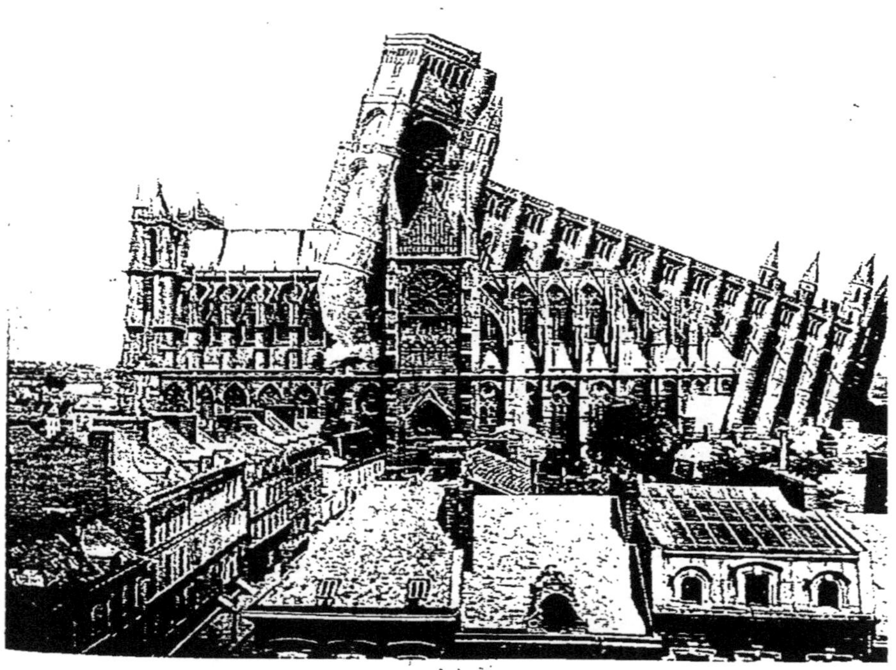

Cathédrales

Hommage

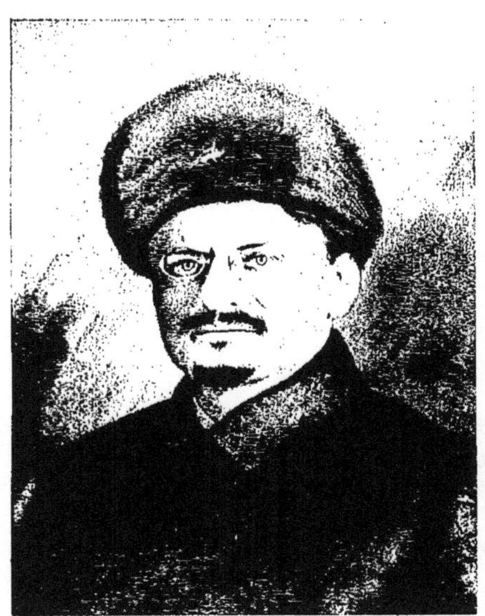

Trotsky

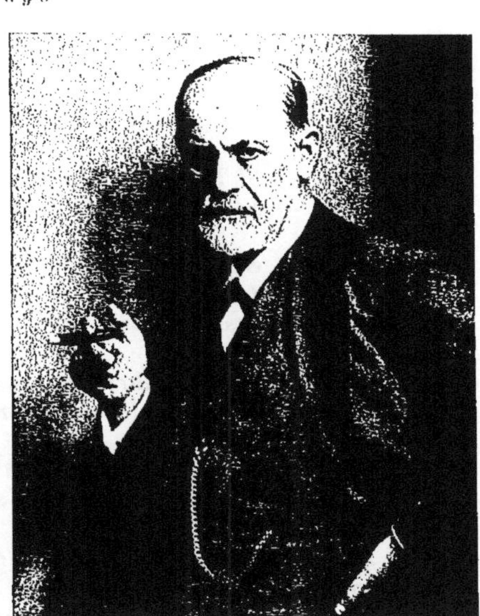

Freud

JEUX SURREALISTES

Vous vous asseyez autour d'une table. Chacun de vous écrit sans regarder sur son voisin une phrase hypothétique commençant par SI ou par QUAND d'une part, d'autre part une proposition au conditionnel ou au futur sans lien avec la phrase précédente. Puis les joueurs, sans choisir, ajustent deux à deux les résultats obtenus. Voici quelques-uns des produits de cette activité qui n'est pas sans charme :

A. B. — *Si la Marseillaise n'existait pas*
L. A. — *Les prairies se croiseraient les jambes*

L. A. — *Si la nuit ne finissait plus*
G. S. — *Il n'y aurait plus rien, plus rien, mais plus rien du tout.*

A. B. — *Si la Révolution éclatait demain*
L. A. — *Etre récidiviste serait un honneur pour tous.*

A. B. — *Si tout s'envolait un jour de grand vent*
S. M. — *Les somnambules se promèneraient plus que jamais sur le bords des toits.*

A. B. — *Si l'ère chrétienne allait seulement commencer*
L. A. — *On ne se lèverait jamais plus.*

B. P. — *Quand les racines ne sauront plus où donner de la tête*
A. B. — *Les cloches à melon se mettront à sonner.*

S. M. — *Quand les goulots des bouteilles seront remplacés par des serpents vivants*
B. P. — *Les journaux sauteront à la corde.*

E. P. — *Quand les couleurs n'auront plus aucun éclat*
A. B. — *L'œil ira voir l'oreille.*

S. M. — *Quand les majuscules feront des scènes aux petites lettres*
E. P. — *Les points d'exclamation ne diront pas grand chose.*

B. P. — *Quand les lacets pousseront dans les jardins ouvriers*
S. M. — *Les cheminots se moucheront avec des pinces à sucre.*

A. B. — *Quand les enterrements seront suivis par des plantes grimpantes*
E. P. — *Les numéros des maisons seront remplacés par des paires de ciseaux.*

S. M. — Si les perroquets pouvaient se parler entre eux
A. B. — Les fantasmagories commenceraient.

A. B. — Si Poincaré mourait
J. T. — Je prendrais des bains de mer et serais hirondelle.

S. M. — Si l'obscurité la plus complète règnait sur terre
A. B. — Les paons rouleraient sur leur roue.

P. U. — Si les parents empaillaient les bébés à leur naissance
Y. T. — On dirait du ciel qu'il est mou.

A. B. — Si la canaille pouvait dire son mot
P. U. — Les mendiants seraient enterrés dans la basilique de Saint-Denis.

Y. T. — Si les coccinelles étaient en fer blanc
G. S. — On ne pourrait plus rien faire.

S. M. — Quand l'impossible donnera la main à l'imprévu
A. B. — La peur montera très haut sur son ressort.

J. T. — S'il n'y avait pas de guillotine
S. M. — Les guêpes enlèveraient leur corset.

P. U. — Quand Papillon du soir ne voudra plus dire Espoir
G. S. — Les yeux seront de fer.

S. M. — Quand les aéronautes auront atteint le septième ciel
Y. T. — Les statues se feront servir des soupers froids.

A. B. — Quand on reportera des armures
P. U. — On ne parlera plus que par proverbes.

Y. T. — Quand les enfants gifleront leurs pères
A. B. — Les jeunes gens auront tous des cheveux blancs.

E. P. — Si la paille se mettait à marcher toute seule
B. P. — Les punaises se porteraient à la boutonnière.

L. A. — Quand les oiseaux nageront
A. B. — La moule fera preuve d'énergie.

L. A. — Si on pouvait oublier ce que c'est que l'amour
A. B. — La seiche à encre bleu fixe serait reine du pavé.

L. A. — Si tout se passait le mieux du monde
A. B. — Quel pauvre jardinet que le Texas!

F. M. — Si on peignait la France en mauve
L. A. — On se retrouverait en famille.

E. P. — Si les tigres pouvaient nous prouver leur reconnaissance
S. M. — Les requins s'engageraient à servir de périssoires.

A. B. — Si les fortifications étaient meublées de quelques beaux divans rouges
B. P. — Le téléphone garderait indéfiniment l'image de nos pensées.

B. P. — Si les orchidées poussaient dans le creux de ma main
A. B. — Les masseurs auraient de quoi faire.

S. M. — Si les pieuvres portaient des bracelets
B. P. — Les bateaux seraient traînés par des mouches.

E. P. — Si la mie de pain devenait liquide
S. M. — Le sagittaire servirait d'assiette aux araignées d'eau.

A. B. — Si Dieu avait oublié de donner des cornes au Diable
S. M. — Les mécaniciens des rapides s'arrêteraient pour ne pas écraser les chenilles.

S. M. — Si l'ombre de ton ombre visitait une galerie de glaces
A. B. — La suite serait indéfiniment remise au prochain numéro.

S. M. — Si les fleurs du soleil se portaient à la boutonnière
A. B. — Je signerais partout mon nom au pochoir.

E. P. — Si les perles pouvaient pleurer
B. P. — La neige se vendrait au poids de l'or.

B. P. — Si le chevalier du guet était aussi employé de l'octroi
A. B. — Le vieil Alexandre Dumas viendrait nous serrer la main.

B. P. — Si le mercure courait à perdre haleine
A. B. — Je te garantis qu'il y aurait de la casse.

S. M. — Si le bottes de paille dissimulaient leur envie de flamber
E. P. — Les moissons seraient bien belles.

A. B. — Si les objets pleins étaient remplacés par l'intervalle qu'il y a entre ces objets, cet intervalle seul étant plein, les anciens objets servant d'intervalle
E. P. — Personne n'arriverait à prendre quoi que ce soit.

A. B. — Si tu avais pour sexe une ancre de marine
B. P. — Les camemberts chasseraient le lièvre et la bécasse.

P. U. — Si on dormait sans arrêt
A. B. — Le rêve serait de se laisser glisser.

P. U. — Si les journaux étaient imprimés sur papier d'argent
L. A. — Eh bien, merde.

A. B. — Si le porc passait pour le plus bel animal de la création
L. A. — On rirait.

L. A. — Si rien n'était irréparable
A. B. — Il n'y aurait du pain sur la planche : du pain rassis, du pain moisi, mais enfin du pain.

P. U. — Quand on élèvera une statue à l'association des idées
L. A. — L'ange du bizarre inventera l'art du billard.

R. D. — Quand la vieillesse arrivera
A. B. — On chassera l'isard dans la plaine.

A. B. — Si tous les chevaux avaient pour fers des aimants
R. D. — Le cœur des amants cesserait de battre.

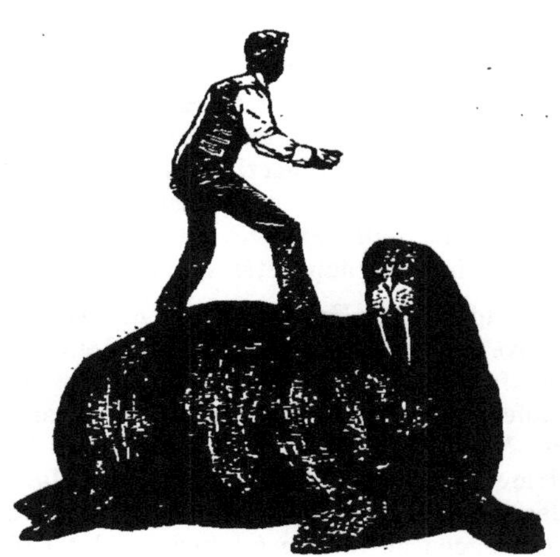

Max Ernst

A L'HEURE OU L'ÉCRITURE SE DÉNOUE

par

RENE CREVEL

A l'heure où l'écriture se dénoue, de tous les livres, ceux bus d'une lampée de paupières et les autres éprouvés, au contraire, lettre à lettre par la créature qui, originellement vouée à la peur des métaux nus, des angles et des vastes espaces, cherche dans les plus muets des « e » et les moindres virgules, des clous à quoi accrocher les chromos anecdotiques et diverses sortes de mensonges capitonnés, à l'heure où l'écriture se dénoue, oui, malgré toi, se dénoue, homme, de l'infinie variété des calligraphies et imprimeries tant anciennes que modernes, demeure, juste, une ligne d'horizon, et encore bien précaire, bien pressée de passer du noir au gris, du gris au blanc, du blanc au vide.

Alors, il n'y a même plus un cheveu pour te défendre du vertige, et cependant ta chambre est pleine de journaux, brochures, revues, magazines, romans, essais, et, des mêmes journaux, brochures, revues, magazines, romans, essais, pleine aussi la ville, pleines toutes les villes du monde entier et si pleines que tu peux ravaler au rang de vulgaire petit feu de cheminée le célèbre incendie de la bibliothèque d'Alexandrie, via quoi ton professeur de grec, au lycée Janson de Sailly, en toute ingénuité, conviait à s'émouvoir tes seize ans.

Or, puisque tu as laissé l'écriture se renouer, imagine, déchaînées en sarabande victorieuse, parmi la masse des choses imprimées, ces flammes qui eurent raison des manuscrits antiques, et vois tous les flots d'une encre qui aima trop à jouer au fleuve frontière, allumés comme ces lacs de pétrole que nulle eau ne peut éteindre, et d'un si angoissant effet parmi les banales actualités cinématographiques.

Mais que deviendrait M. Français Moyen, celui-là même qui pour s'être entendu dire qu'il n'avait pas la tête épique, en a déduit, malgré sa glace à trois faces, qu'il ne portait point sur son cou trop court, au ras des épaules, une gueule de con? M. Français Moyen qui sait à quoi s'en tenir, M. Français Moyen à qui on ne la fait pas, croit à tout ce qu'affirme son journal, ne croit qu'à cela, mais y croit dur comme fer, bien que ce journal lui ait annoncé, voici à peine deux ans — mais oui, un peu de mémoire, cher angelot bedonnant — que les français venaient de traverser l'Atlantique le jour même qu'ils s'y noyèrent.

Le mot *Liberté*, que M. Français Moyen n'aime guère à entendre prononcer par les êtres qui ont des poings, des dents et des idées, comme il est d'un joli effet au fronton des monuments et sur la manchette d'un quotidien. Dans la *Liberté* (journal du soir, espoir) M. Français Moyen lit qu'on vient de décorer Mme Chiappe de la légion d'honneur.

Quelle joie.

Et vivent la troisième République, Chiappe et sa Chiappesse.

M. Chiappe épure : Plus de communisme, plus de drogues. Avec pareil ordre logique, la douane anglaise, dans une même liste prohibitive défend l'importation d'opium et plumages.

Mais que font de ce et de ceux dont elles se saisissent les douanes et polices du monde entier?

Les Communistes?

— En prison...

Et de une.

Les drogues?

— Sûr que la Chiappesse s'en fourre plein le nez. Son petit totomme chéri organise des rafles pour lui trouver de la respirette. C'est un prêté pour un rendu, car je suppose, tant il semble les aimer, que le Chiappe couche avec les sergents de ville et Madame a fait construire une maison de retraite pour la flicaille de volupté.

Et de deusse...

Quant aux plumages, ici, on s'en fout. Ils traversent la Manche, échouent en gare maritime de Douvres, et comme le prince de Galles (sur la foi de tes chers journaux, M. Français Moyen) s'habille volontiers en femme, on lui arrange des crinolines de music-hall, avec les paradis et les pleureuses.

Et de troisse...

Tout est pour le mieux dans le meilleur des mondes. M. Français Moyen se frotte les mains et, parce que c'est samedi soir, en l'honneur du préfet de police et de sa dame (à vos bonnes santés, seigneureries de la Tour Pointue qui régnez sur la France de 1929) il va au bordel.

La maquerelle, un beau brin de femme, comme on dit, cent kilos roulés dans du crêpe de Chine noir, le crêpe de Chine noir lui-même serti de bouchons de carafes qui figurent des étoiles de diamants sur ce corps puissant, un profil de médaille, et quels nichons, la gaillarde demande à M. Français Moyen s'il veut voir l'écran magique.

L'écran magique?

M. Français Moyen se congestionne.

S'agit-il d'un cinéma galant?

— Que non, s'offusque notre maquerelle, M. Chiappe (elle prononce Tchiappe, pour faire distingué) défends les obscénités.

— Alors?

— Vous allez voir. Mesdames, vite, Mesdames, à l'écran magique. Et en rond pour la couronne Victoria.

Quatre femmes nues couchées sur le sol enfouissent chacune sa tête entre les jambes de sa voisine. On leur projette des papillons et des roses, sur les fesses, le dos, la nuque.

*
* *

Cependant, la dame de M. Français Moyen, en attendant l'époux qui a prétexté un dîner d'affaires, apprend à juger de la mégalomanie allemande par l'exemple qu'en a choisi M. Henri Béraud, reporter qui n'épargne point sa peine et a subi dix-huit heures de chemin de fer, rien que pour décrire la gare de Berlin qu'il a vue de dimensions cyclopéennes, alors qu'elle n'est pas plus vaste qu'un de nos embarcadères de ceinture. Mais on a tant parlé du Kolossal d'outre Rhin et le lecteur n'aime pas la surprise.

Omnipotence des idées toutes faites.

Ici, on aime les vieillards, comme dans les bistrots on apporte son manger. Une barbiche de 70 ans, pouvait, seule, le miracle du franc arrêté dans sa chute. Dame! il n'eût pas fallu que notre Poincaré fût jeune, et encore moins, glabre. La barbiche de Poincaré, voilà le nez de Cléopâtre des temps modernes. Je l'offre au Pascal futur.

L'idée la plus neuve, le succès, la vogue la métamorphosent en idée toute faite.

Ex. : Je rencontre un psychanaliste.

Il m'interroge : De quoi avez vous rêvé la nuit dernière?

Moi : J'ai rêvé d'une fuite d'eau.

Lui : Savez-vous pourquoi?

Moi : J'avais loué un appartement. La première nuit que j'y ai couché, par suite de la rupture d'un tuyau de gouttière, j'ai été inondé dans mon lit. Comme je venais de passer plusieurs mois à la campagne, pour ma santé, j'ai gardé de cet accident une impression doublement désagréable. Et voilà pourquoi, depuis lors, je rêve de fuite.

Lui : Erreur. Vous rêvez de fuite, parce que vous faisiez pipi au lit quand vous étiez enfant...

Et de me développer les propositions de son pansexualisme. Impérialisme qui ressemble à tous les autres.

Je laisse le bonhomme parler.

Et je pense :

Si carpettes et maquettes, ces sœurs de laine à prénoms de manucures ne se troublent rien tant que des baisers du Vacuum Cleaner, et doivent en rêver, comme au siècle dernier, de Jack l'Eventreur les transparentes et laiteuses petites putains des bords de la Tamise, toi, homme, attends l'heure où l'écriture enfin se dénoue, et, abattue la barrière des mots, ferme les yeux, flotte sur le silence, non moins léger que si un mystérieux appareil à nettoyer les tapis, avait, de ses poussières remords et souvenirs, à jamais, libéré ton vieux tapis de conscience.

Déjà, tu ne crois plus à la chose écrite, pas même à ce pas même que ta plume étire, guimauve couleur de dégoût, parfumée à l'encre stylographique, saupoudrée d'ennui, arabesque sans autre excuse sur le papier blanc, qu'une fort légitime volonté d'oublier ce matin de 1er avril veuf du poisson traditonnel, tout au jeu aigre doux des courants d'air et giboulées, bien que ce passe-temps soit, par définition, celui du prédécesseur, mars qui, au reste, une fois de plus, cette année, n'en usa point, tant il est vrai que, malgré leur omnipotence, les idées toutes faites (celles dont on vit et celles dont on meurt, par exemple la mystique nationaliste, qui permet d'oublier à l'occasion de la mort opportune du Maréchal Foch les soldats qu'on laissa crever en Rhénanie et donne de la joie au badaud peuple de Paris, car à propos d'enterrement, on lui sert un beau ballet , plus beau que ceux de M. de Diaghilev, et gratis par les rues, avec de grandes vedettes, un prince de Galles, un prince de Belgique et des cardinaux, dont une petite fille, psychanaliste s'extasiait : Ils en ont des belles queues, maman, les messieurs), je disais donc, tant il est vrai que les idées toutes faites et aussi bien les plus admissibles, telles que celles des calendriers et almanachs, ne sont plus mythes, ce dont, au reste, aurait bien dû s'expliquer M. Paul Valéry, le jour que, lassé d'épiloguer sur la crise de l'esprit, il laissa tomber dans la boîte aux lettres de la N. R. F. une jolie petite épistole bien fignolée, sans la moindre fausse note, car elle n'affirmait rien de plus scandaleusement neuf que la gamme classique :

Do ré mi fa sol la si do
Mon chat est tombé de si haut
Do si la sol fa mi ré do
Qu'il s'est cassé l'épine du dos
Do — do

Sans doute, le mythe du mois de mai et des giboulées n'était-il pas assez distingué pour notre penseur national. Il y a mythes et mythes. D'accord. Il y a même mites et mythes. Il y a les mi-mythes.

— Parler de mi-mythes, c'est commis-voyageur en diable, affreusement « Gaudissart », se récrieront les ceusses qui ont fourré ce qui leur sert de nez dans Balzac...

Et ils continueront :

Un vrai calembour de table d'hôte.

Parfait. Vous y voilà. Les mythes et les religions, c'est compère et compagnon. Or, les religions depuis la Cène sont des tables d'hôte. Drelin, drelin. La même sonnette que pour le wagon-restaurant. Mais à l'église, on a supprimé le vin qui tache les nappes.

Or, de la table d'hôte, passons à une autre table, celle autour de laquelle la Revue du Mois de la N. R. F. nous dit que se réunirent à l'Ecole Normale, une cinquantaine de jeunes gens pour écouter le R. P. Yves de la Brière qu'ils avaient prié de les *éclairer sur les récents accords intervenus entre la papauté et l'état italien.*

C'est du joli.

Le chroniqueur mondain de la N. R. F. qui parle de cette manifestation de haute spiritualité (sic) nous dit quelles gammes exécutèrent le R. P. et M. Bendamaisnebandepas.

Le pape et Mussolini.

Chiappe et sa Chiappesse.

Le R. P. Yves et sa Brière.

M. Bendamaisnebandepas et Mme La Trahisondesclercs.

Voilà de quoi y aller d'un petit quadrille assez croquignolet.

En tout cas, le spectacle des lettres et de la société contemporaines est bien digne de M. Arland le cancrelat, qui découpe les petites ordures d'échos parus dans le journal de l'immonde M. Paul Lévy (c'est de *Aux Ecoutes* que je vous parle) pour faire des romans, frais comme M. Arland lui-même, et tout ce joli monde qui ne fut, hélas, pas conduit au dépôt.

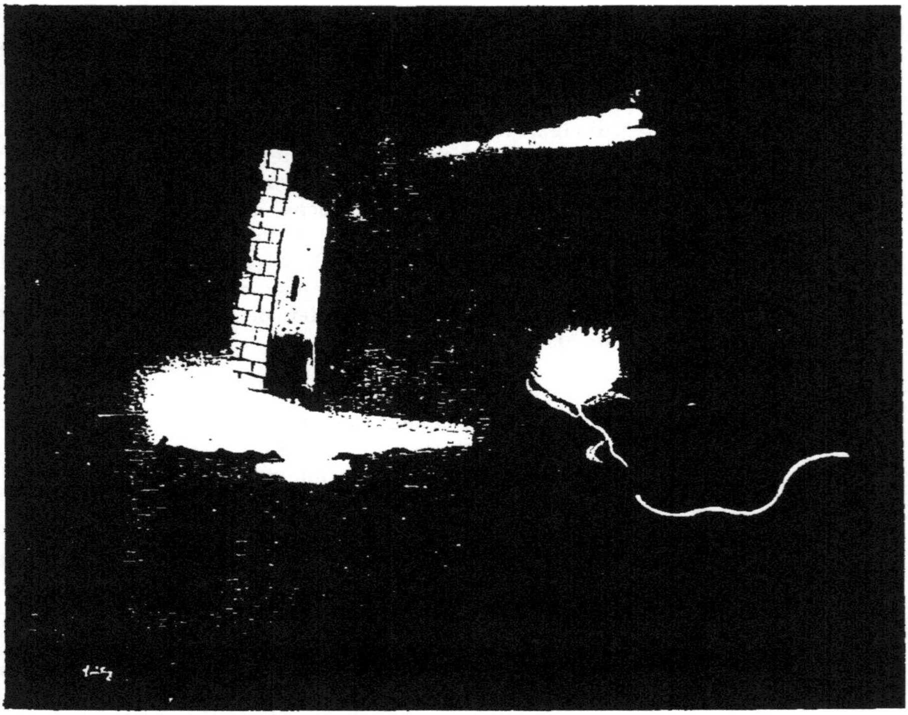

Emile Savitry : La lumière du gaz arrivant dans les ruines

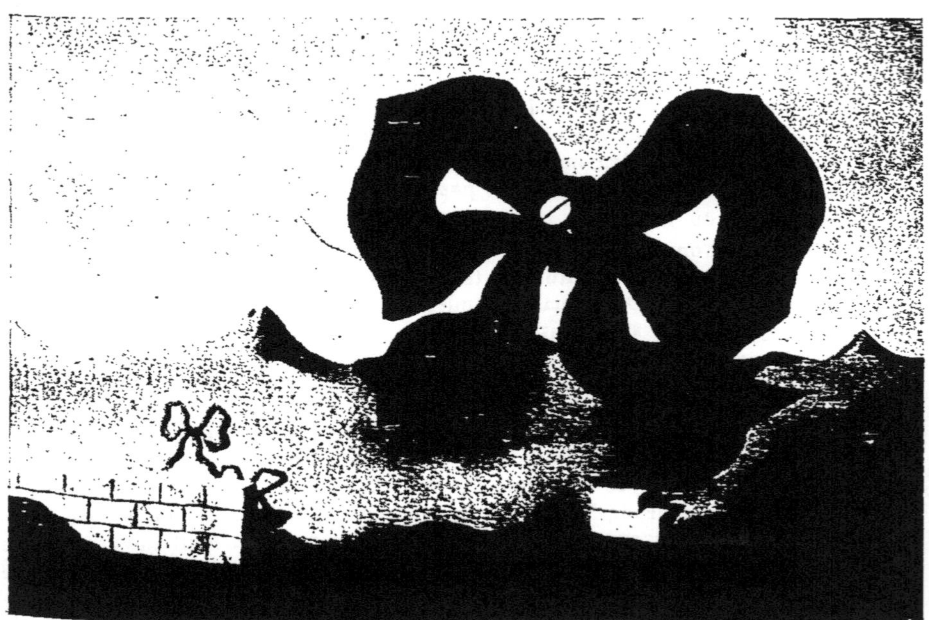

Emile Savitry : La rencontre

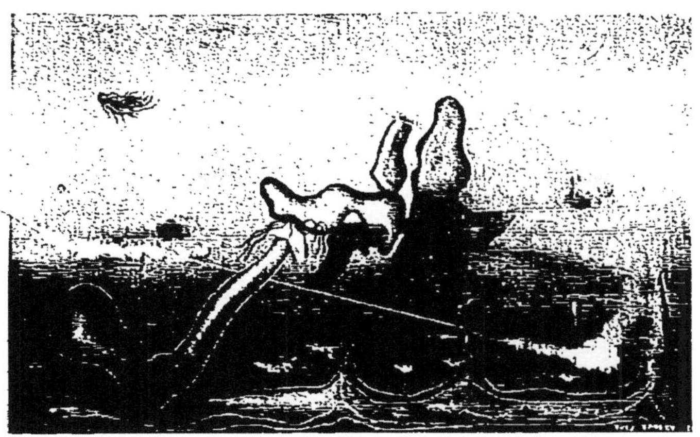

Yves Tanguy : Prœsêpé

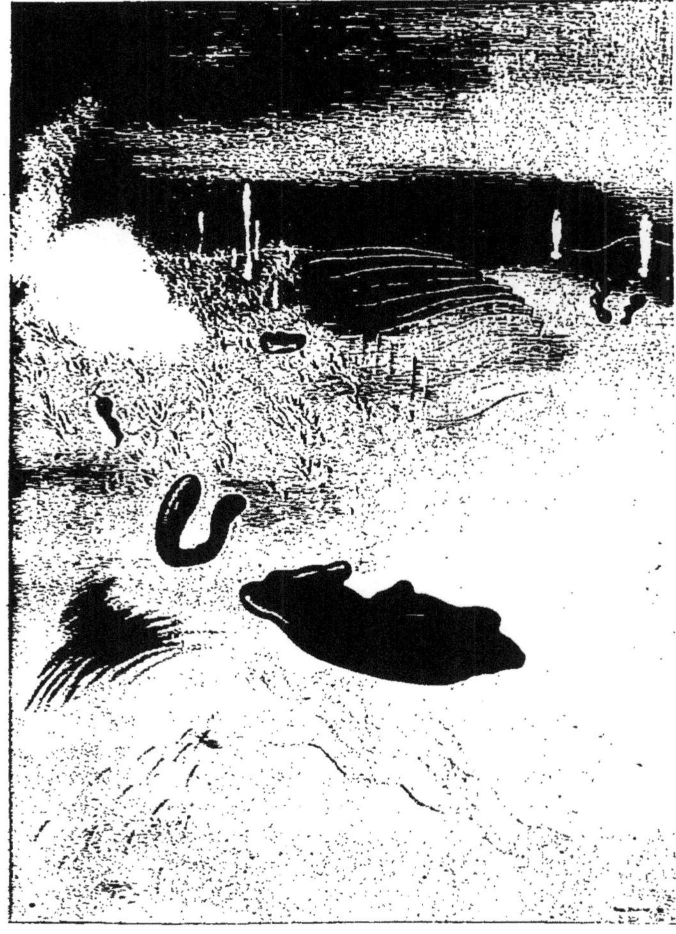

Yves Tanguy : Vieil horizon

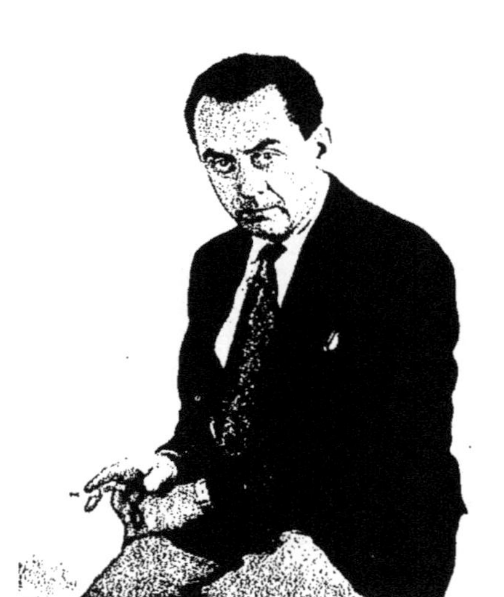

Photo Man Ray

Man Ray

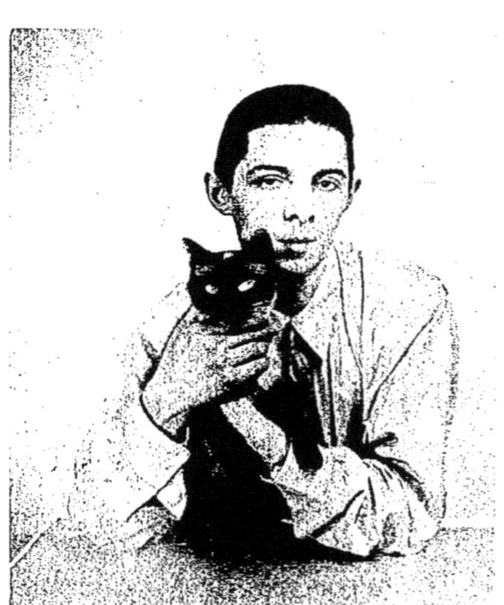

Photo Man Ray

Georges Malkine

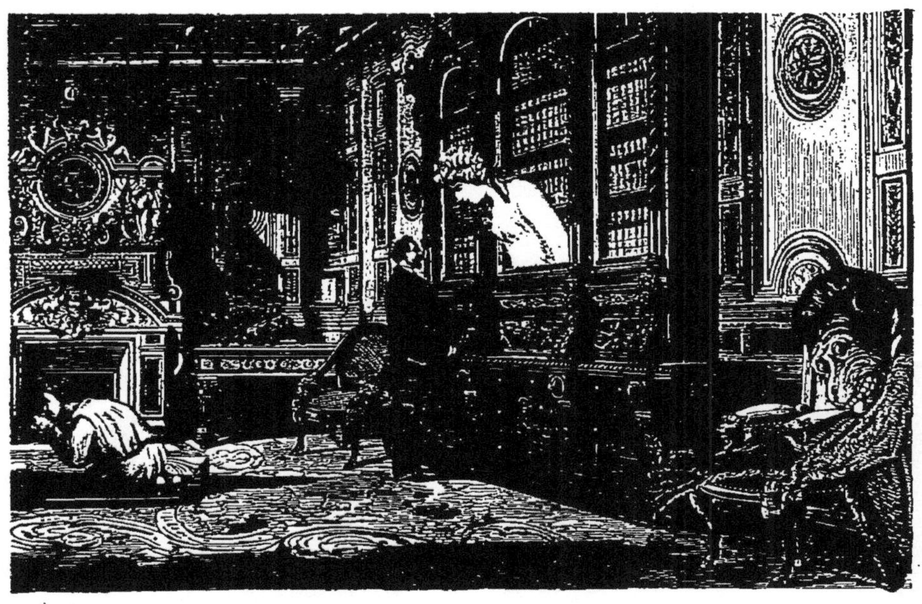

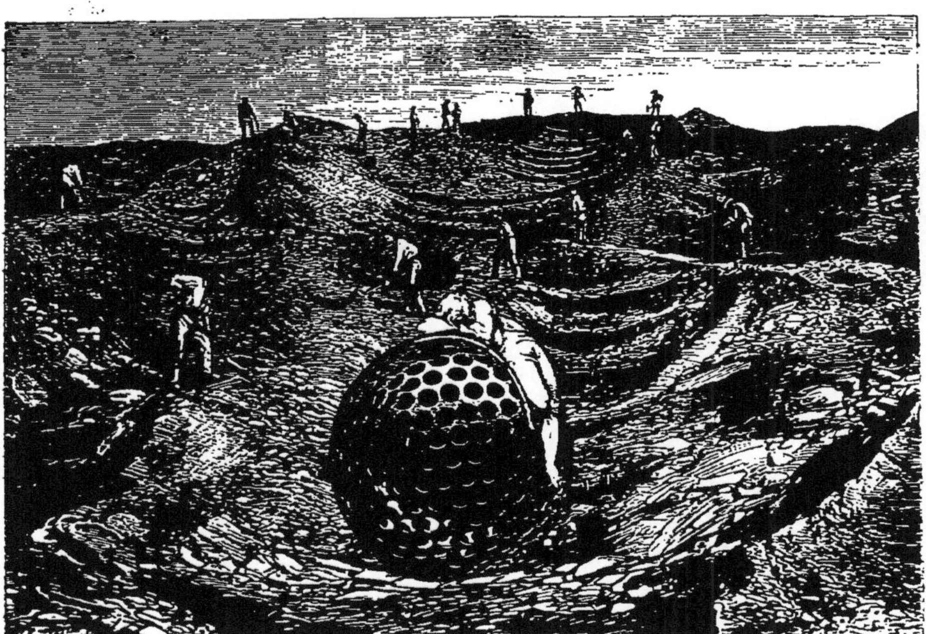

Extraits du roman de Max Ernst : *La Femme 100 têtes*

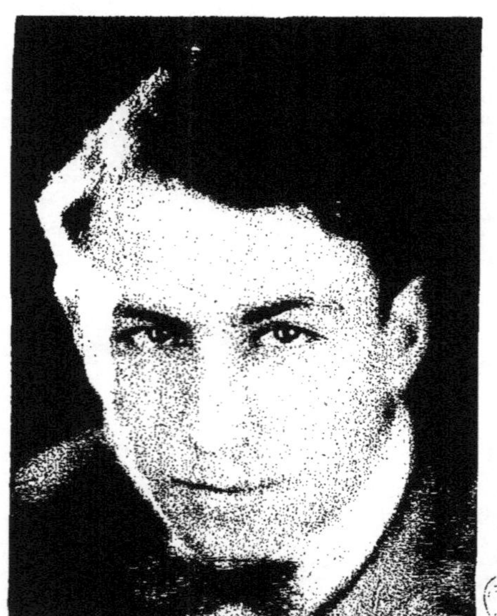
Photo Lorelle

Pierre Unik

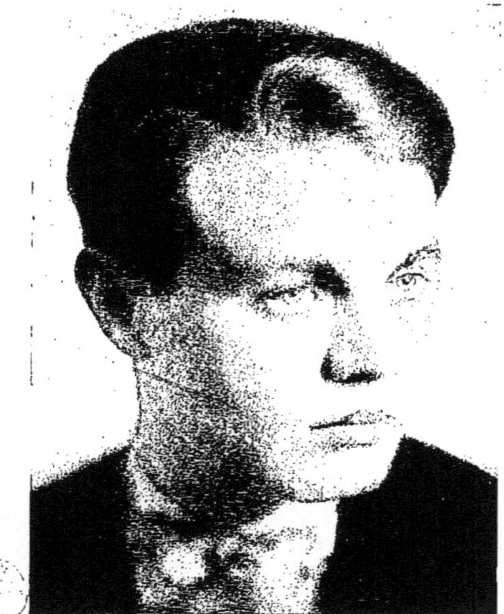
Photo Martinie

René Crevel

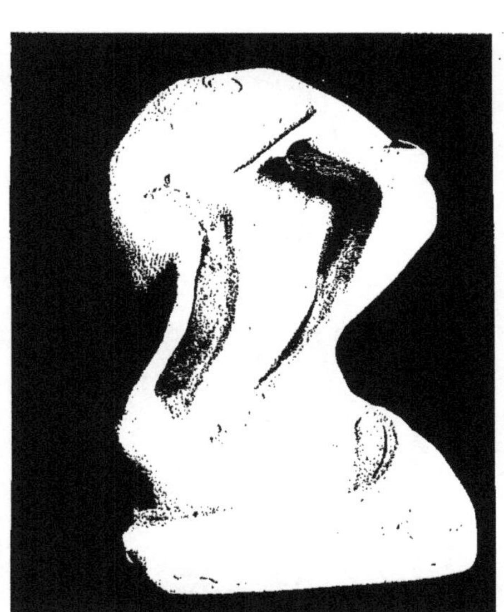

Arp : Tête (1929)

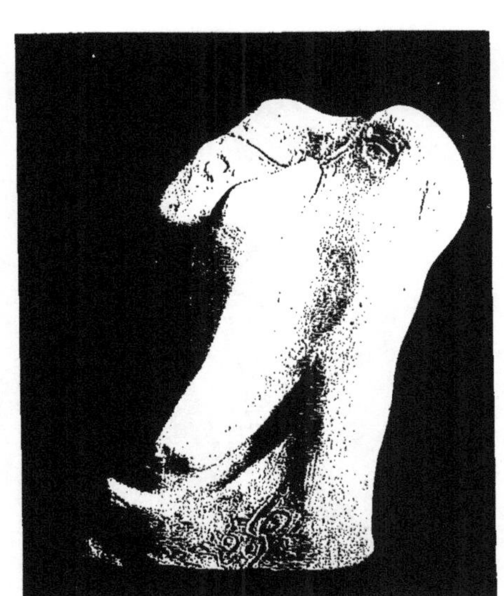

Arp : Tête (1929)

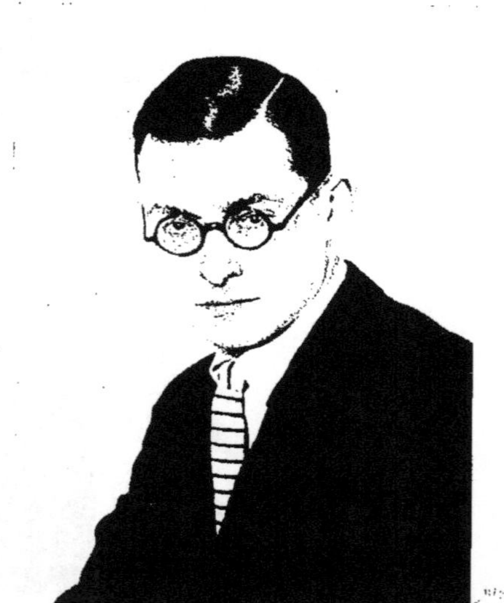

Photo Man Ray

Raymond Queneau

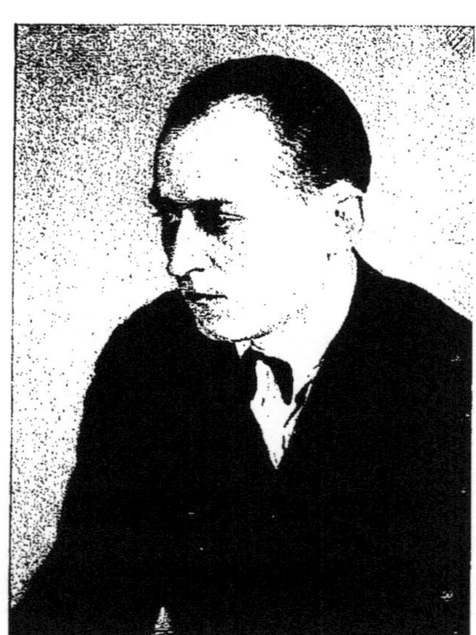

Photo Man Ray

Benjamin Péret

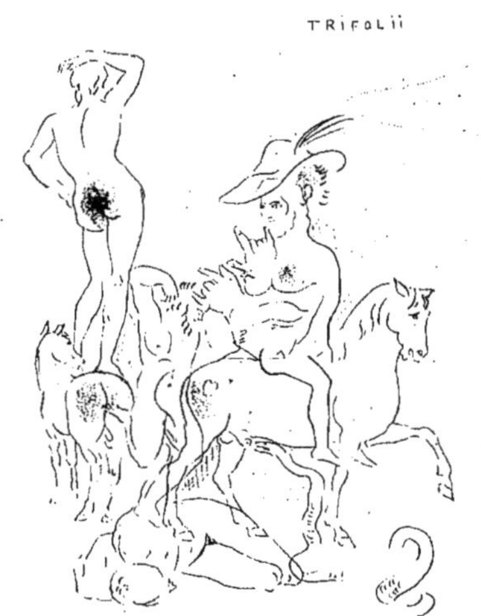

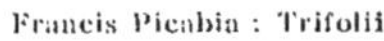
Francis Picabia : Trifolii

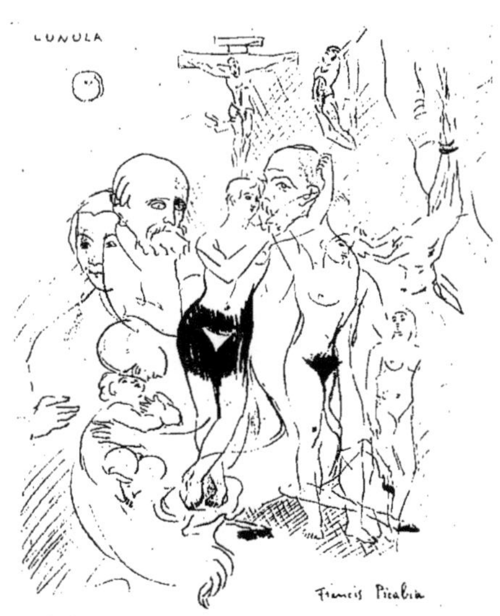

Francis Picabia : Lunula

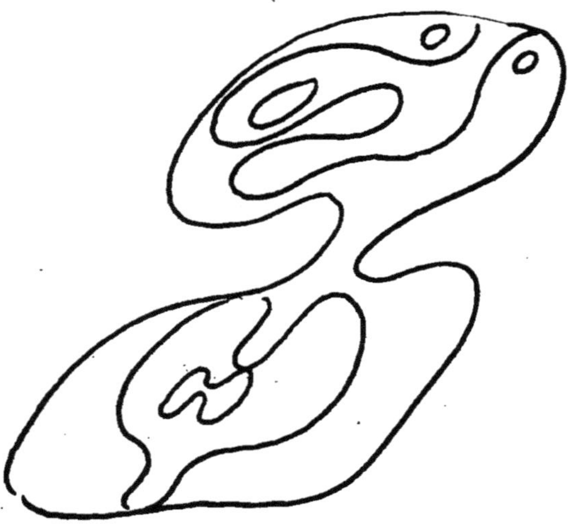

Arp

POEME

par

PAUL ELUARD

Derrière moi mes yeux se sont fermés
La lumière est brûlée la nuit décapitée
Des oiseaux plus grands que les vents
Ne savent plus où se poser

Dans les tourments infirmes dans les rides des rires
Je ne cherche plus mon semblable
La vie s'est affaissée mes images sont sourdes
Tous les refus du monde ont dit leur dernier mot
Ils ne se rencontrent plus, ils s'ignorent
Je suis seul je suis seul tout seul
Je n'ai jamais changé

“NOUVELLE GEOGRAPHIE ELEMENTAIRE”

Clarisse Juranville méditait les éléments d'un petit Traité de Géographie destiné au jeune âge, — ou à ses maîtres. Elle a, sans doute, par la suite, abandonné ce projet. Mais, à en croire une note marginale, les pages que l'on va lire constituaient une sorte de préface à cet ouvrage, ou de discours préliminaire.

Délaissées par leur auteur, au lecteur de juger si elles valaient d'être recueillies.

P. N.

Si une image s'éloigne, — plus elle grandit.

Au retour de vos voyages, si vous parlez des chemins parcourus, des bois traversés, des collines gravies, des cités et des villages, des surprises et des habitudes, si vous décrivez le pays visité, ne croyez pas qu'il vous soit dès lors impossible de parcourir sans la reconnaître toute la surface de la terre.

Vous êtes partout sans être nulle part. Rien ne sert de vivre longtemps. Et comment donc apprendre ?

Le promeneur enseigne la géographie à son fils. Il lui parle du pâturage où le berger paît son troupeau, du champ que laboure le cultivateur, des rivières sensibles à la couleur du temps, du train qui gravit les côtes en caressant leur courbe lente, des montagnes derrière lesquelles le soleil va disparaître. Mais le fils admire ici les célèbres chutes du Niagara dont les eaux se précipitent de toute leur hauteur avec un bruit de désastre, il parcourt les mers, il débarque dans un pays glacé où les habitants sont couverts de chaudes fourrures, il visite des contrées inconnues, et souvent il découvre des plantes, des animaux, des hommes dont nous ignorons jusqu'à l'existence.

Comment s'appellent ceux qui font de longs voyages et quel nom donner aux voyageurs qui découvrent des pays inconnus? L'on sait la réponse. La terre, là-bas, ne cesse de se refroidir et l'obscurité, pour un peu, serait parfaite : c'est à peine si l'on y peut vivre. Il existe cependant une étoile qui conserve toujours la même position dans le ciel. Mais qu'y a-t-il d'écrit au bas du paysage ? Quel est l'objet suspendu au mur à gauche ou à droite de la fenêtre? Qu'aperçoit-on par la fenêtre? Que représentent les deux mouvements de cette toupie et quels sont les deux objets qui se ressemblent le plus? Il ne faut pas songer à la goutte d'eau. L'on ne distingue que les imaginaires. Et la forme de la Terre? Question dont le sens est à jamais perdu.

Dans un train en marche, les voyageurs voient s'enfuir les arbres et les maisons qui bordent la voie. Une pensée les précède. Mais la pensée n'est pas lumineuse par elle-même; elle nous éclaire pendant la nuit en nous renvoyant le reflet qu'elle reçoit de notre bouche endormie : un cercle obscur, un demi-cercle éclairé, un cercle éclairé dans son entier. Quelle est donc l'image où la clarté est la plus vive, la plus faible? Il y a de la lumière à toutes les fenêtres.

Au printemps, les jours s'allongent, mais la température est douce et les arbres se couvriraient de feuilles et de fleurs. En été, les jours dépassent les nuits, mais il fait chaud, les blés mûriraient, on ferait la moisson. En automne, les jours diminuent, mais si l'air a recouvré sa douceur, les fruits, on va pour les cueillir, et les feuilles tombent des arbres. En hiver, les nuits semblent plus courtes que les jours, et si le froid s'avance un peu, les arbres qui sont nus laissent la neige et la nuit recouvrir la terre.

...Les quatre saisons de l'année et les douze mois et les semaines du mois et les sept jours de la semaine — mais, par dessous, immanente, innombrable et sourde, la courbe nuit terrestre empanachée d'éclairs.

...Tels pays où nous ne sommes pas et qui conviennent si bien aux plantes et à plusieurs animaux, sont moins favorables aux hommes : ils y perdent leur force et se sentent peu d'ardeur. Quelques-unes de ces contrées ne sont peuplées que de sauvages; ils vivent presque nus et se nourrissent des produits de leur chasse ou des fruits de leurs forêts.

Tandis qu'ailleurs (où nous ne sommes pas) c'est toujours l'hiver. La végétation y est pauvre, la plupart des animaux vivent au fond des eaux et les rares habitants de ces régions ont une existence misérable.

Nommez, si vous le pouvez, et sans qu'elles vous échappent, les zônes qui entourent les pôles et celles qui s'étendent de chaque côté de l'équateur. La vie n'échauffe pas également la surface de la terre. Comment sait-on qu'elle viendra de l'Est, puisque d'ici on ne peut même pas la soupçonner? L'espérance pourtant est à sa mesure : où donc est-elle la plus courte, la plus transparente? Et pourquoi rechercher si patiemment quelque étoile polaire?

Si vous êtes en pleine campagne, que votre vue n'est bornée par aucun obstacle, il devient évident qu'au loin, de tous côtés, la terre touche au ciel. Mais le soleil surgit ou se lève toujours du même côté, il disparaît et se couche toujours du même côté et cependant le pôle des étoiles ne s'est pas fixé pour toujours au même point de l'espace. On a beau mettre sur les clochers, au dessous des girouettes, deux tiges de fer croisées qui portent à leurs extrémités les quatre lettres : l'esprit souffle où il peut et la figure étoilée, la rose flamboyante, se tourne à son gré vers tous les horizons.

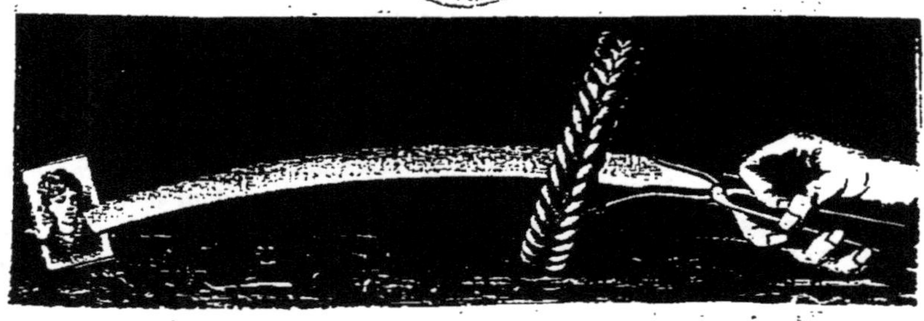

Max Ernst

POÈMES

par

PIERRE UNIK

LA NUIT DES TEMPS

Tout ce que l'on a écrit sur le temps qui passe
Ce temps qui se passe si bien de moi
C'est pour figurer l'histoire élémentaire
D'une heure perdue
Perdue
Dans un théâtre où soudain s'élançait
Entre la scène et le public
Un geste sans rapport avec la pièce jouée
C'était comme une bille qui roule trop loin ou un papier tombé mal à propos

Et l'on était si peu dans un théâtre
Une heure perdue
Un homme matinal
Se rencontre dans la rue
Avec une partie de cartes interrompue
Un goulot de bouteille tombe d'un arbre
Trois femmes se précipitent
A trois instants différents de la journée
Pour ramasser la même enveloppe
Au bord du trottoir
Et leur main s'arrête à 30 cm. du sol
Car cette enveloppe est manifestement vide
Ces menus incidents n'ont-ils pas de quoi m'inspirer
Et pourquoi la vie d'un homme serait-elle exemplaire
Plus que la coïncidence parfaite d'une révélation avec le souvenir de cette révélation

Pour en revenir au drame qui nous préoccupe tous
La tête dans un rouage inutile
Les mains tenant la tête
Le corps flottant sur une eau
Creuse
Tous les yeux d'une foule très nombreuse
Se portent sans passion
Vers un avertisseur d'incendie qui brûle doucement

FEMME FATALE

Poètes téméraires hasardeux
Livrés au déroutant amour
Ce soir que tout glisse et tout flambe
Que les visages des femmes sont plus brumeux qu'hier
Plus fermés qu'il ne faudrait
Plus absents que jamais
Regardez ce bois qui s'éteint parmi ses arbres
Près d'une villa muette au bord de l'eau
Enfuies les péniches où l'on se serait aimé
Noyés les chemins où s'embrasser
A perdre connaissance
Mais voyez ce bois qui frémit dans son ciel
Et les glauques herbes où mourir deux
sans reprendre pied
Feuilles craquantes leurs yeux fous dans le vent
Dites-vous bien que demain
Une rue vous accueille
Plus brisés de dégoût
Mais ne désespérant pas de votre folie
A peine folle
Une rue vous prend dans le jour jaune et flasque à hurler
Le temps de voir se dissoudre au gré des passions
Des paysages détestables
Vous êtes jetés par vents et marées
Ne craignant plus rien
La venimeuse forêt qui vous environne
Et souffle des germes et des oiseaux
En vain en vain
Car vous voici
Sur les ponts où l'on se regarde
Pour la vie
Téméraires poètes hommes inhumains
Moins fous que la passion qui vous fait dire
Qu'il n'y a plus d'embûches
Mais non ne parlons pas de folie
Il n'est pas fou celui-là dans cet ouragan
Qui virevolte et meurt et renaît
Il n'y a plus d'embûches pour lui
Vous qu'inquiète si atrocement votre amour
Avant qu'il ne se révèle parfait
C'est moi qui m'éveille dans un lit étrange
Soupçonneux
Je guette
Je dors debout
Voyez les beaux chars tourbillonnants où s'aimer

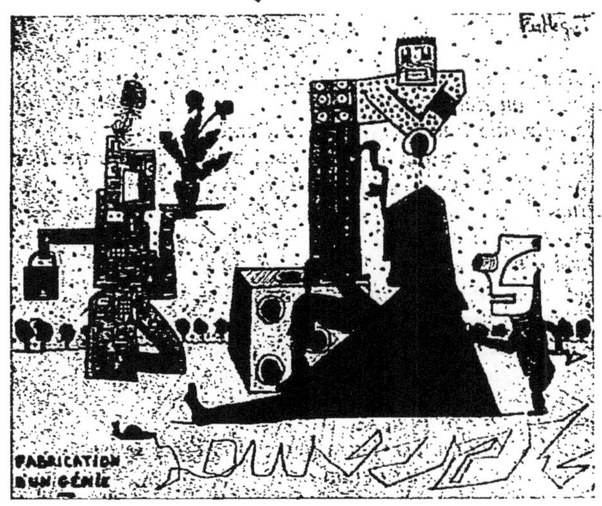

Frédéric Mégret

O PIERRE CHARGÉE

par

BENJAMIN PÉRET

O pierre chargée de supprimer le café! pourquoi ne t'es-tu pas acquittée de ta mission, pourquoi as-tu désiré les yeux de la menthe sur ta partie supérieure qui a la forme d'une étoile à cinq branches et est morte de douleur en voyant une poupée articulée descendre de la Tour Eiffel en lançant des scorpions aux yeux des militaires? Oui, pourquoi, sinon pour être agréable au panier d'osier qui décore le tombeau de Châteaubriand comme une enseigne décore la tête d'un chirurgien qui n'a plus envie que d'une boîte de papier à lettres, aux initiales C. C., (chauffage central) dont il ne se servira que dans les grandes occasions (épidémies, tremblements de terre, guerres, crimes, dégénérescence du café).

— Ah chirurgien! Tu veux du papier à lettres, lui crie Nestor du plus loin qu'il l'aperçoit, mangeant une banane longue comme un paysage couvert de neige, eh bien! en voilà!

Et il lui lance au visage un bouquet de lilas qui s'épanouit en touchant le visage du chirurgien, lequel, à ce contact, se croit obligé de devenir une femme charmante avec laquelle j'aurais le plus grand plaisir à faire l'amour, au coin d'un bois, à 7 heures du matin, en mai, alors que les lièvres, fiers de la fermeture de la chasse, viennent vous lécher les pieds et se frotter contre votre tête comme des homards apprivoisés, ce qui est rare, je l'avoue. Mais rare ne signifie pas inexistant, car je connais trois homards apprivoisés. L'un est visible à l'entrée du Panthéon où il perçoit les droits d'entrée, lorsque son maître, fatigué par l'atmosphère sinistre de ce lieu plein de puces, éprouve le besoin de se détendre en abattant quelques arbres dans les jardins du Luxembourg, sans se soucier de la fontaine de Médicis qui, à chaque fois, est écrasée sous le poids d'un orme millénaire et, à chaque fois, renaît un peu plus petite qu'avant son écrasement, jusqu'au moment où elle n'est guère plus grosse qu'une boite d'allumettes. Alors, comme elle ne peut plus décroitre, elle juge qu'il lui est indispenable d'augmenter de volume à chaque écrasement, ce qu'une statistique, tenue par un chevreuil savant, établit sans contestation possible, encore qu'on puisse toujours contester quoi que ce soit. Par exemple, je conteste que la lune tourne autour du soleil en 29 jours et j'affirme péremptoirement qu'elle est aussi immobile qu'une huître perlière. Et, si vous venez me dire le contraire, je vous prouverai que vous êtes dans l'erreur par un raisonnement habile que vous jugerez paradoxal, mais qui ne le sera qu'en vertu de la conviction que vous avez que cette planète tourne autour de la terre comme un moustique autour d'une lampe électrique. Et si, un jour, la lune pouvait faire comme le moustique qui se jette sur la lampe, quelle joie! Paris nagerait au milieu de l'Océan Pacifique entouré d'une ceinture de requins. Londres serait perdue à 5.000 mètres dans l'atmosphère au sommet du Popocatepelt qui n'attend que cette occasion pour l'envoyer dans Mercure et Fez coincée dans le détroit de Bab-el-Mandeb demanderait grâce en levant les bras au ciel et en tournant ses kiosques à journaux vers La Mecque qui serait au centre des îles Seychelles. Mais tout ceci n'est qu'une hypothèse et je pourrais aussi bien supposer avec autant de vraisemblance que je suis un araucaria et je me trouverai cinq secondes plus tard au beau milieu d'un jardin entretenu par un jardinier de la vieille école, un de ces jardiniers comme on n'en fait plus, qui sèment des passoires et récoltent des tomates, qui plantent des chemises de femme et voient de somptueuse orchidées naître à leur ombre, sans en être étonnés, ce que je ne pourrai jamais faire, car, si un jour (sait-on jamais?), je plantais des chemises de femme, j'attendrai avec impatience qu'apparaisse, dans la chemise, la femme dont, à ce moment-là, je serais amoureux; et je suis sûr que cette femme ne serait pas vierge et ferait l'amour comme un astre.

Pour l'instant, ce n'est pas cela qui nous occupe. La maison est blanche et ses habitants sont de sable et de girofle. Ils ont des enfants qui sont partis quelque part, dans la nuit ou le printemps. L'aîné est un chapeau recouvert de mouches, le cadet un pont dont l'armature métallique tend à perdre sa rotondité par suite de l'affluence des citadins qui y stationnent pour voir passer le troisième : un train de bois qui emporte avec lui tous les espoirs de la foule. Un quatrième est ce qui vous manque à tous, ce que vous désirez : les pieds gelés, le caviar ou une éponge apprivoisée. On le rencontre à tous les coins de rue.

Habitants de la maison blanche, j'ai mis tout mon espoir en vous. J'attends un signe de vous pour courir d'une fontaine à l'autre cueillir dans l'eau qui s'en écoule la tortue vivante que vous m'annoncerez. Je sais que les jours et les semaines s'envoleront comme la poussière de mes vêtements quand je les bats, ce qui est rare et me retomberont sur la tête, mais je sais aussi que parmi ces jours il s'en trouve un, solide et beau comme un chêne, au pied duquel je bâtirai un bordel modèle où tu trouveras toute les bêtes de l'amour, depuis le hanneton jusqu'à l'hippopotame; depuis la méduse jusqu'au cactus. O cactus! toi que j'ai rencontré une nuit sous les arcades de la rue de Rivoli, portant sous ton bras les attributs du désir, en l'espèce une paire de jarretelles retenant une jambe de femme dont le pied était chaussé d'un soulier de satin vert pomme à haut talon, me diras-tu ce que tu as fait du corbeau, du brave corbeau qui, l'hiver, lorsque tout est silencieux, consent seul à faire du bruit pour empêcher les renards de s'ennuyer dans leur trou ou dans leur salon, entre deux pattes de zèbre si noircies par la fumée des grands soirs, si amaigries par les travaux d'horlogerie et la marche d'une statue à l'autre qu'un voyageur, arrivant d'un pays lointain, croit se trouver en présence de deux poteaux-frontière et se demande entre les limites de quelle nation inconnue des atlas géographiques il va projeter son ombre dont se rient les grands éléments qui ont bouleversé la face de la terre depuis qu'un homme de petite taille a découvert le moyen d'extraire des moules vivantes des os des animaux morts d'embolie à la vue d'une bicyclette dont la roue arrière a disparu et qui, néanmoins, lutte de vitesse avec un express conduit par une pissotière de bois vert et le dépasse au sommet de la côte d'où un capitaine de navire aperçut, alors que le soleil et la lune nous éclairaient, simultanément 400,000 tombeaux, dans lesquels reposent 399,000 paires de chaussettes (les 1,000 autres sont vides) utilisées par les soldats qui combattirent en 1870. Les 400.000 tombeaux s'ouvrirent, comme 400.000 porte-monnaie et un sou belge en sortit, jaillit à plusieurs mètres en l'air et retomba sur le sol avec la mollesse d'une plume d'autruche, cependant les 400,000 tombeaux faisaient place à un seul et unique bureau-ministre auquel travaillait un homme gras et chauve pendant qu'autour de lui s'édifiait une ville confortable et luxueuse.

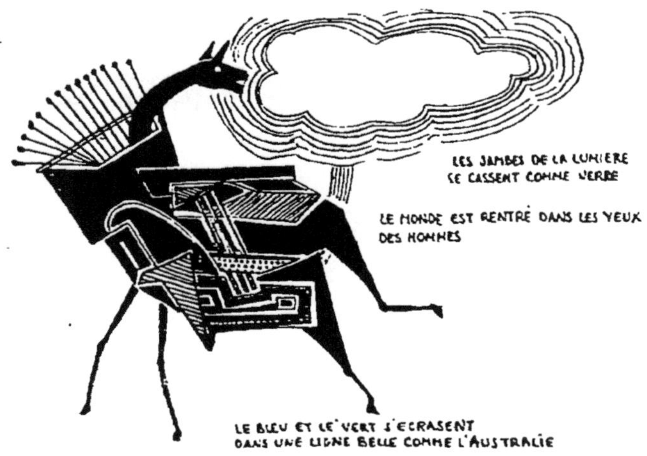

Frédéric Mégret

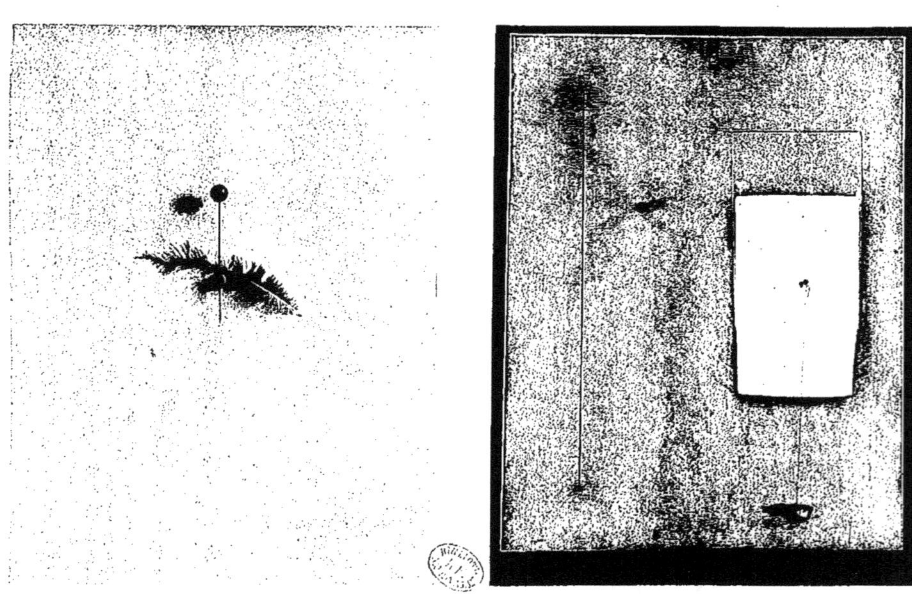

Joan Miró : Portrait de danseuse

Joan Miró : Danseuse espagnole

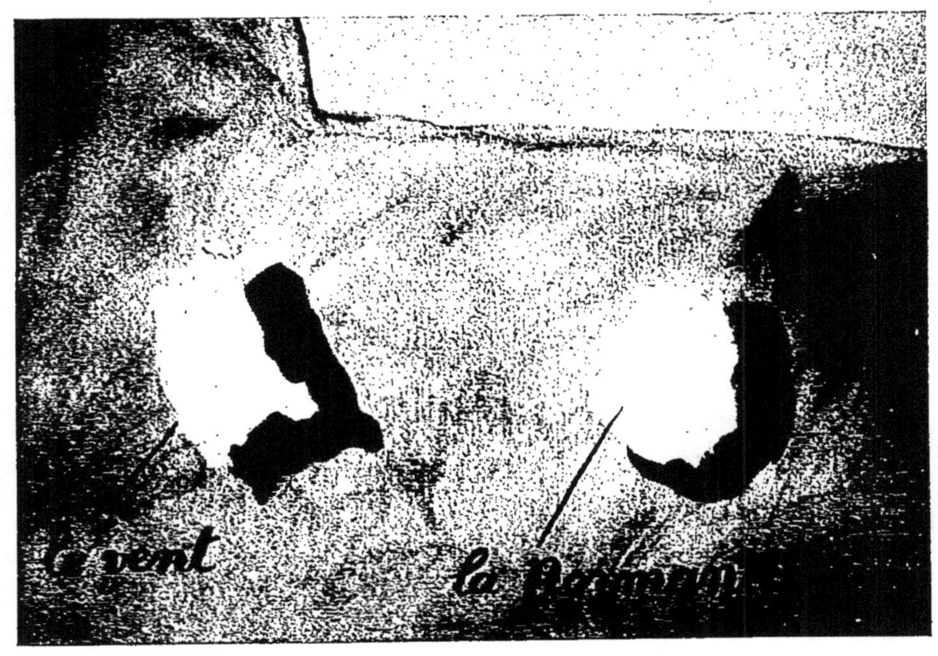

René Magritte : L'usage de la parole

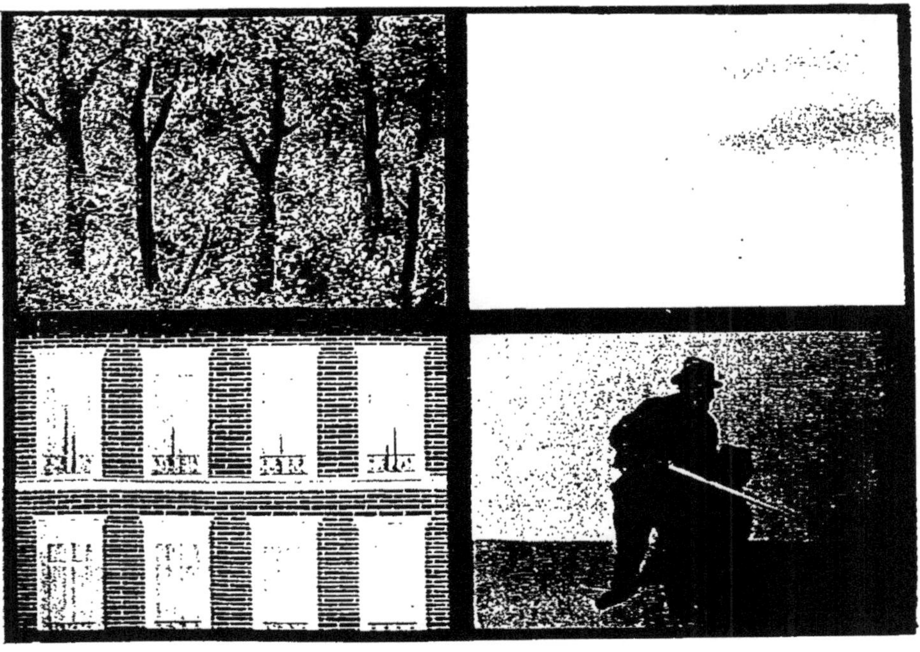

René Magritte : L'idée fixe

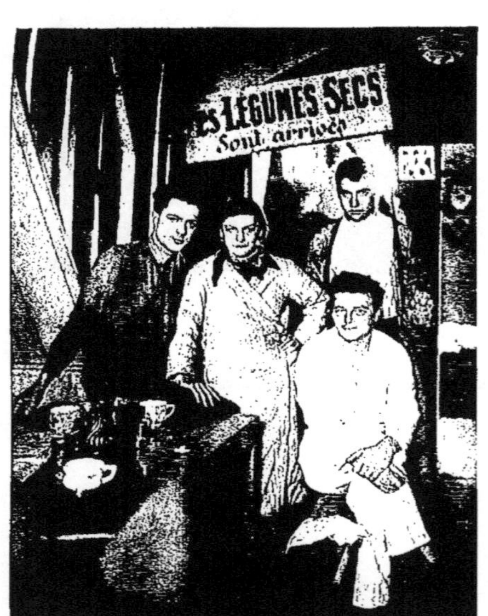

Photo Man Ray

André Thirion, Cora A..., Frédéric Mégret, Georges Sadoul

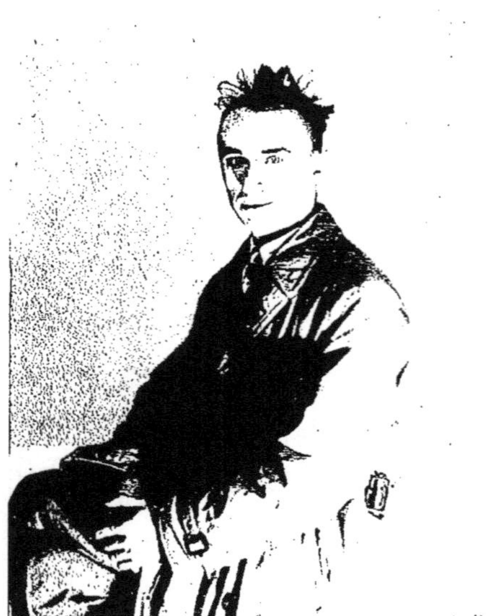

Photo Man Ray

Yves Tanguy

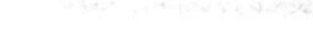

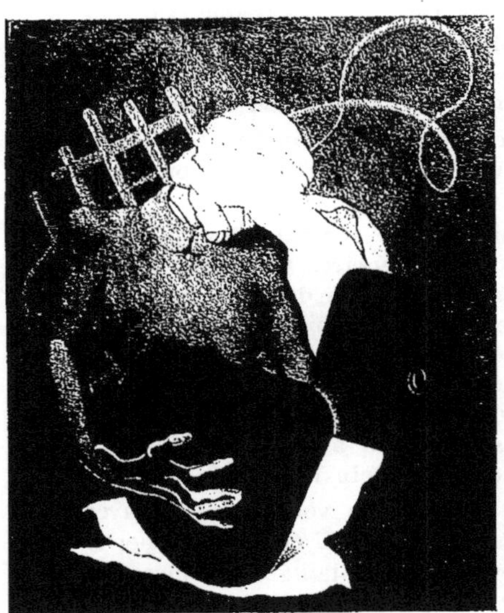

M. Defize : Peinture

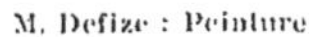

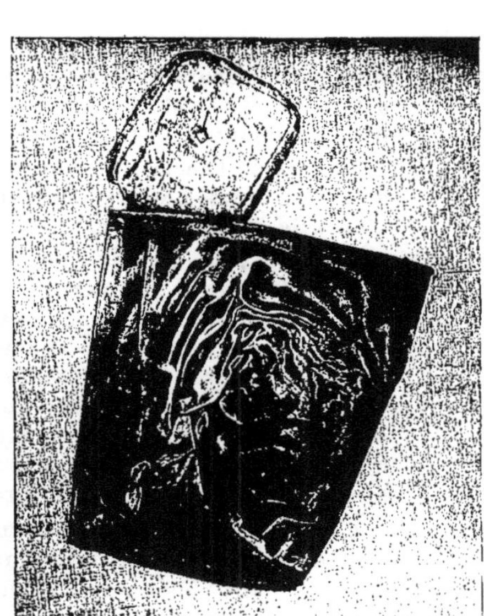

Photo Man Ray

RÊVES

par

GEORGES SADOUL

I.

Je suis président d'un jury en Angleterre. On va juger une femme d'une grande beauté, accusée d'espionnage. Sa culpabilité ne fait aucun doute mais je veux la sauver. Je dispose d'une voix pour le jugement et le jury, composé pourtant de douze personnes, ne dispose que d'une voix. Je regarde le jury : c'est une sorte d'abat-jour de grossière soie verte entourant une lampe électrique. Son attitude me fait supposer qu'il votera non coupable, ce qui me fait voter coupable, sûr que je suis que la femme sera acquitté malgré mon vote. Mais le jury-abat-jour a fait le même calcul et la femme est condamnée. Nous décidons alors d'un commun accord, le jury et moi, de recommencer le procès.

Je regarde l'accusée : c'est une femme d'un certain âge, très marquée, aux traits durs. Le jury l'éclaire d'une lumière verte et les ombres sont d'un sale rouge violâtre.

Le procès se déroule maintenant dans la chambre que j'occupe en réalité. L'accusée est debout devant ma fenêtre. C'est une silhouette grandeur nature sans aucune épaisseur découpée dans un journal illustré. La mâchoire de cette silhouette est seule mobile : c'est un morceau de papier imprimé. Les complices de l'accusée essaient de la sauver. Ils ont fait passer du plancher au plafond un fil de fer vertical à l'aide duquel ils essaient de faire mouvoir la mâchoire de papier imprimé. S'ils y réussissent l'inculpée est sauvée. Seul à m'apercevoir de cette scène, je me tais, non sans éprouver un certain remords.

L'inculpation change de forme. La femme a volé dans les caves du Vatican une sculpture inconnue de Michel-Ange. On me l'apporte. Ce sont de petits personnages de terre cuite, de la taille d'une marionnette. Ils étaient disposées primitivement sur un socle, mais l'humidité les a décollés. Les experts ne sont pas d'accord sur la façon de les regrouper et, selon la manière dont ils procèdent, la scène représente la flagellation du christ ou quelque chose d'entièrement différent. Je tranche le débat en m'écriant avec force et autorité : « C'est un Donna Pia ou c'est un Pouzzarole ». (Cette phrase, après le réveil, m'obsède toute la matinée).

II.

Je me promène dans une petite ville que j'ai déjà visitée en rêve. Certaines rues sont bordées de baraques foraines. Dans d'autres, les gens font la haie. En attendant le passage d'une régiment ils poussent des cris patriotiques. J'en suis vivement irrité et je m'engage dans une rue transversale.

Mon oncle, qui est magistrat, sort à peine de prison qu'il vient d'être condamné à nouveau. Il se présente à la porte de la manufacture des tabacs de Nancy, qui a fait place à la prison. La concierge, une grosse ménagère, l'accueille d'abord cordialement puis, apprenant qu'il vient se constituer prisonnier, devient si hostile que mon oncle, découragé, tourne les talons et décide de ne revenir que le lendemain.

Il trouve dans sa poche un extrait du jugement qui le condamne et lit : « Un an de prison pour récidive d'homicide involontaire ». « Les vaches s'écrie-t-il, je croyais que ce n'était que six jours.» Les observations que ne pourra manquer de lui faire sa femme à son retour le décident à coucher dehors. Il va s'asseoir sur une haute borne de granit. Il fait très froid.

Un vieillard assez semblable à lui, mais plus petit, la barbe plus longue et plus blanche, est également assis sur une borne. Il a les mains sur les genoux et ses pieds ne touchent pas terre. C'est un clochard qui fut jadis un homme riche. « Voici justement ma femme qui vient me retrouver » dit-il. Personne n'arrive. Il reste sur sa borne, immobile comme une statue.

Un agent interpelle le vieillard qui ne répond pas. Il prend dans sa main le clochard et la borne qui lui sert de socle. Pour voir s'il s'agit d'une véritable statue, il le frappe avec une terrible sauvagerie sur le bord du trottoir et sur les murs. De grand morceaux se détachent du corps et la tête même quitte les épaules où elle était attachée par une goupille de bois. Le vieillard ne sent rien, d'ailleurs. Le truc de la statue est un moyen qu'il a trouvé pour dormir tranquille. Je fais ou on fait à l'agent cette observation : « Si c'est une statue nègre vous pourriez du moins la porter au commissariat sans l'endommager. »

Cette scène m'a violemment indigné et c'est avec satisfaction que je rencontre dans une rue voisine (qui longe la prison-manufacture des tabacs de Nancy) une manifestation communiste. Les manifestants se tiennent par la main comme dans une farandole. Ils sont entourés de policiers qui les brutalisent sans qu'ils réagissent. Leur passivité me choque. Je me mets à chanter l'Internationale et un attroupement se forme autour de moi. Les policiers arrivent au moment où j'allais entraîner la foule à une action violente. Je traverse la rue et les policiers m'entourent. Je proteste avec la plus grande mauvaise foi de mon innocence et on me laisserait libre si des femmes, bourgeoises d'un certain âge, ne me dérangaient. « A quoi cela peut-il vous mener? » me dit l'une d'elle. Je lui réponds : « A gagner du temps. »

Je m'aperçois alors que la porte de l'immeuble de rapport devant laquelle je me trouve est ouverte. Profitant d'une discussion qui s'élève entre la police et une partie de la foule qui vient de prendre parti pour moi, je me cache dans le corridor, derrière cette porte. La femme qui m'avait parlé me rejoint et me dit d'un ton rèche qui montre assez qu'elle désapprouve ma conduite : « Fermez du moins la porte à clef, ils auront plus de mal à vous avoir.»

Je ferme la porte avec une longue clef qui dépasse de beaucoup la serrure. Deux escaliers se trouvent dans le corridor. L'un conduit aux étages, l'autre à la cave. Ils sont tous les deux de bois jaune clair, et assez doux. Je descends à la cave pour dérouter mes poursuivants qui s'imaginent que je vais fuir par les toits. Je traverse un office garni de boiseries de forme assez irrégulière, très riche et très propre. J'atteins l'escalier de service qui est en bois foncé et assez étroit. Je me crois sauvé, mais, me retournant, j'aperçois un bourre qui me suit. Je l'assomme à l'aide d'une bouteille de bourgogne pleine. La cervelle va jaillir du crâne lorsque j'aperçois par la porte entr'ouverte sur l'office un valet de chambre à la figure abjecte qui me regarde en souriant avec servilité. Il se met à téléphoner et je suis sûr qu'il prévient la police. Je m'enfuis par l'escalier de service.

Cet escalier est double. L'accès de la première partie, en bois clair, est libre. L'accès de l'autre partie, en bois plus foncé, est interdit par un écriteau de bois blanc suspendu à une ficelle et où est écrit maladroitement « Spécimen » ou « Echantillon ». La ruse des policiers est simple. Prévenus par le valet de chambre ils ont construit un escalier neuf (celui de couleur claire) qui conduit à un piège. Ils ont barré le vieil escalier, le bon, par un écriteau pour me faire croire que je suis chez un marchand d'escaliers. J'enjambe l'écriteau et je monte l'escalier foncé. Il est barré à chaque étage par de nouveaux écriteaux. Je suis obligé de passer entre deux rampes assez resserrées.

J'arrive à une toiture de verre peinte en blanc que je traverse en prenant la précaution de marcher sur l'armature de fer. Je crains cependant que la verrière ne cède et je regrette de ne pas avoir le poids de ce brave X... (Il s'agit du bourre que j'ai tué.)

Je traverse cette verrière, puis une autre. Je domine alors une classe où un professeur de cuisine explique à ses élèves, rangés sur les bancs devant lui, la manière de faire les beignets. Je tiens à la main une tige de fer où se forment d'eux-mêmes des « croustillons » bruns et comme frits qui naissent et se développent à la façon des bulles de savon. Le professeur est assis devant une sorte de parapet de pierre de taille. Au fur et à mesure qu'il a terminé ses gâteaux il les jette par-dessus son épaule et ils tombent derrière le parapet, dans le vide. Je profite de la chute d'un beignet particulièrement gros pour l'accompagner dans sa trajectoire. Je me trouve parmi d'autres beignets qui me dissimulent. Ils sont rangés dans une sorte de compotier qui occupe le centre d'un tea-room aménagé sur une terrasse qui domine la ville. Dans un coin circulent des cuisiniers en toque blanche.

Je meurs de faim et ne résiste pas à l'envie de manger les beignets. Les cuisiniers s'en aperçoivent et veulent me poursuivre.

Je m'enfuis dans les beignets et je perce le plafond.

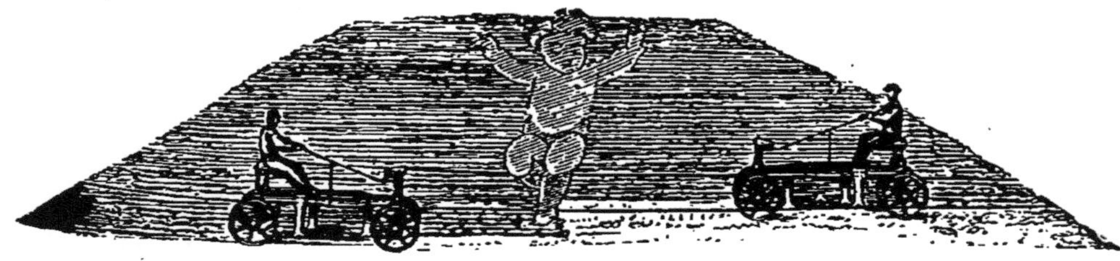

Max Ernst

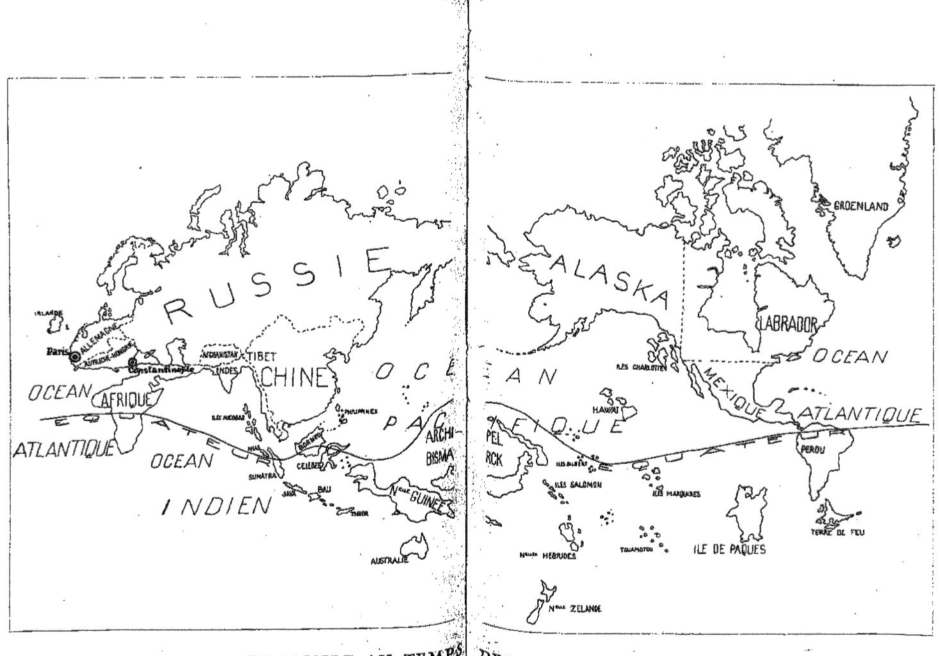

LE MONDE AU TEMPS DES SURREALISTES

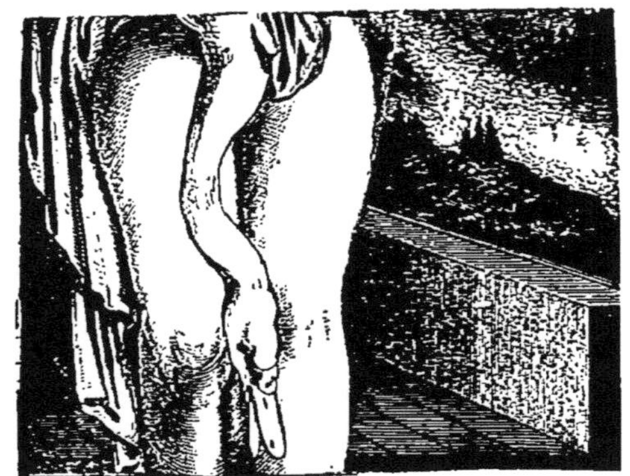

Max Ernst

POEMES

par

ARAGON

MODERNE

Bordel pour bordel
J'aime mieux le métro
C'est plus gai
Et puis c'est plus chaud

SYMBOLE

La chronologie bras-dessus bras-dessous
Avec son petit homme
S'est envoyé pour quatre sous
De friture de pommes
De terre

ÇA NE SE REFUSE PAS

Garçon un cure-dent
C'est pour le Maréchal
Garçon un coup de torchon
C'est pour le Général
Garçon une capote anglaise
C'est pour l'armée française

TRÈS TARD QUE JAMAIS

Les choses du sexe
Drôle de façon de parler
Triste façon de parler
Des choses du sexe
Je m'attendais à tout
Mais aucunement à ces mots-là

ANCIEN COMBATTANT

J'ai fait le mouvement Dada
Disait le dadaïste
J'ai fait le mouvement Dada
Et en effet
Il l'avait fait

EXAGÉRATION

Oh ma Zizi
Oh ma Zizi
Tes petits seins tes petits
Pieds
Pieds pieds pieds pieds
Tes petits pieds sur mes grands seins

97-28

Me voici sur mon trente et un
Paraît
Que les petits cochons
Les petits cochons
Ne m'ont pas mangé
Allons
Les grands cochons
Me mangeront

PORTER A GAUCHE

par

ALBERT VALENTIN

Le monde est bien bon, vraiment, de déranger ses quatre saisons pour moi, qui, après tout, ne fais qu'entrer et sortir, le temps de trébucher sur les marches et de caresser au passage quelques boules d'escalier. C'est sans penser à mal que je les flatte ainsi de la main et je suis le premier surpris que, sous mes doigts, la surface tiède et polie engendre quelquefois ces yeux immobiles, ou ces lèvres humides, ou encore cette chevelure dont je sens que je serai prisonnier plus longtemps que de raison. Qu'on nomme cela de l'amour, si l'on veut, et, au fait, est-ce autre chose que l'amour qui me conduit dans ces chantiers déserts, parmi le mortier et le plâtras, d'où je rapporte des traces poudreuses au revers de mes vestons et quelques taches qui persistent sur l'étoffe du costume. De ces films récents, par exemple, dont on a mené tant de bruit, je ne me rappelle rien sinon le goût d'une langue mordue, une haleine suspendue à la mienne, l'obscurité de mes paupières fermées et tout à coup ouvertes sur un visage en proie au plaisir. Au delà, peut-être bien que les navires faisaient naufrage, peut-être que deux souliers féminins paraissaient sous la tenture du salon agitée par le vent, peut-être que l'assassin s'endormait à côté de sa victime pendant qu'à la terrasse du café voisin le complice attendait vainement, peut-être bien, mais alors c'est pur hasard. Je parlais, si j'ai bonne mémoire, de la température et, depuis une semaine, le soir ne se décide plus à tomber ou, s'il tombe, je ne m'en aperçois pas, tellement il a soin de prendre la couleur de midi. Je me résigne à ces journées interminables où mes nuits blanches ne se distinguent plus du reste : d'un flanc sur l'autre, d'abord, puis, d'un pied sur l'autre, et je recommence jusqu'à ce qu'on m'enjoigne de m'arrêter. Il suffit de quelques mots comme il s'en prononce négligemment dans la conversation, mais articulés par une certaine voix, et, pour l'entendre, il me faudra patienter jusqu'à demain. Quand sera-ce, demain, avec cette déconcertante organisation de la durée et, par surcroît, de l'espace où l'on a raison de conclure à la vertu compressible des objets. Pour ce qui regarde ma boîte crânienne seule, on y dénombrerait aisément, à l'heure actuelle, trois ou quatre coussins répandus, une paire de gants, les cendres d'un feu de bûches, un arbre du jardin, sans préjudice d'un parfum, d'une respiration et d'un écho, plus réels que jamais. Voilà ce qu'il en coûte de vivre, ainsi que je fais, au point de rencontre de toutes les parallèles, dans un lieu où toute tentative serait inutile de me faire prendre des vessies pour des vessies. D'ailleurs, les statistiques sont là.

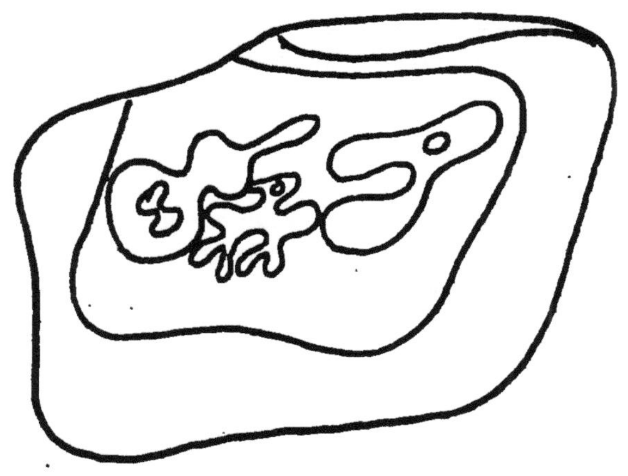

Arp

THE NIGHT OF LOVELESS NIGHTS

(FRAGMENT)

par

ROBERT DESNOS

A Charles Baron

Nuit putride et glaciale, épouvantable nuit,
Nuit du fantôme infirme et des plantes pourries,
Incandescente nuit, flamme et feu dans les puits,
Ténèbres sans éclairs, mensonges et roueries!

Qui me regarde ainsi au fracas des rivières
Noyés, pêcheurs, marins? Eclatez, les tumeurs
Malignes sur la peau des ombres putassières!
Ces yeux m'ont déjà vu. Retentissez, clameurs!

Le soleil ce jour-là couchait dans la cité
L'ombre des marronniers au pied des édifices.
Les étendards claquaient sur les tours et l'été
Amoncelait les fruits pour d'annuels sacrifices.

Tu viens de loin, c'est entendu, vomisseur de couleuvres
Héros, bien sûr, assassin morne, l'amoureux
Sans douleur disparaît, et toi, fils de tes œuvres,
Suicidé rougis-tu du désir d'être heureux?

Fantôme c'est ma glace où la nuit se prolonge
Parmi les cercueils froids et les cœurs dégouttants
L'amour cuit et recuit comme une fausse oronge
Sur la table des rois lépreux et impotents.

Et pourtant tu n'es pas de ceux que je dédaigne.
Ah ! serrons-nous les mains, mon frère embrassons-nous
Parmi les billets doux, les rubans et les peignes
La prière jamais n'a sali tes genoux.

Tu cherchais sur la plage au pied des rochers droits
La crique où vont s'échouer les étoiles marines.
C'était le soir, des feux à travers le ciel froid
Naviguaient et, rêvant au milieu des salines,

Tu voyais circuler des frégates sans nom
Dans l'éclaboussement des chutes impossibles.
Où sont ces soirs? O flots rechargez vos canons
Car le ciel en rumeur est encombré de cibles.

Quel destin t'enchaina pour servir les sévères,
Celles dont les cheveux charment les colibris,
Celles dont les seins durs sont un fatal abri
Et celles dont la nuque est un nid de mystère,

Celles rencontrées nues dans les nuits de naufrage,
Celles des incendies et celles des déserts,
Celles qui sont flétries par l'amour avant l'âge,
Celles qui pour mentir gardent les yeux sincères,

Celles au cœur profond, celles aux belles jambes,
Celles dont le sourire est subtil et méchant
Celles dont la tendresse est un diamant qui flambe
Et celles dont les reins balancent en marchant,

Celles dont la culotte étroite étreint les cuisses,
Celles qui sous la jupe ont un pantalon blanc
Laissant un peu de chair libre par artifice
Entre la jarretière et le flot des volants.

Celles que tu suivis dans l'espoir ou le doute,
Celles que tu suivis ne se retournaient pas
Et les bouquets fanés qu'elles jetaient en route
T'entraînèrent longtemps au hasard de leurs pas.

Mais tu les poursuivras à la mort sans répit
Les yeux las de percer les ténèbres moroses,
De voir lever le jour sur le ciel de leur lit
Et d'abriter leur ombre en tes prunelles closes.

Une rose à la bouche et les yeux caressants
Elles s'acharnent avec des mains cruelles
A torturer ton cœur, à répandre ton sang,
Comme pour les punir d'avoir battu pour elles.

Heureux s'il suffisait pour se faire aimer d'elles
D'affronter sans faiblir des dangers merveilleux
Et de toujours garder l'âme et le cœur fidèle
Pour lire la tendresse aux regards de leurs yeux.

Mais les plus audacieux sinon les plus sincères
Volent à pleine bouche à leur bouche un aveu
Et devant nos pensées comme aux proues les chimères
Resplendit leur sourire et flottent leurs cheveux

Car l'unique régit l'amour et ses douleurs.
Lui seul a possédé les âmes passionnées.
Les uns, s'étant soumis à sa loi par malheur,
N'ont connu qu'un bourreau pendant maintes années.

D'autres l'ont poursuivi dans ses métamorphoses.
Après les yeux très bleus voici les yeux très noirs
Brillant dans un visage où se flétrit la rose,
Plus profonds que le ciel et que le désespoir.

Maître de leur sommeil et de leurs insomnies
Il les entraîne en foule à travers les pays
Vers des mers éventrées et des épiphanies.
La marée sera haute et l'étoile a failli.

Quelqu'un m'a raconté que perdu dans les glaces
Dans un chaos de monts, loin de tout océan,
Il vit passer sans heurt et sans fumée la masse
Immense et pavoisée d'un paquebot géant.

Des mains silencieuses s'accrochaient aux cordages
Et des oiseaux gueulards volaient dans les haubans
Des danseuses rêvaient au bord des bastingages
En robes de soirée et coiffées de turbans.

Les bijoux entouraient d'étincelles glaciales
Leur gorge et leurs poignets, et de grands éventails
De plumes dans leurs mains claquaient vers des escales
Où les bals rougissaient les tours et les portails.

Les danseurs abîmés dans leur mélancolie
En songe comparaient leurs désirs et l'acier.
C'était parmi les monts, dans un soir de folie.
De grands nuages coulaient sur le flanc des glaciers.

Un autre découvrit au creux d'une clairière
Un rosier florissant entouré de sapins.
Combien a-t-il cueilli de roses sanguinaires
Avant de s'endormir sur la mousse au matin?

Mais ses yeux ont gardé l'étrange paysage
Inscrit sur leur prunelle et son cœur incertain
A choisi pour cesser de battre sans courage
Ce calme coin planté de roses et de thym.

Au temps où nous chantions avec des voix vibrantes
Nous avons traversé ces pays singuliers
Où l'écho répondait aux questions des amantes
Par des mots dont le sens nous était familier.

Mais depuis que la nuit s'écroule sur nos têtes
Ces mots ont dans nos cœurs des accents mystérieux
Et quand un souvenir parfois nous les répète
Nous désobéissons à leur ordre impérieux.

Entendez-vous chanter des voix dans les montagnes
Et retentir le bruit des cors et des buccins?
Pourquoi ne chantons-nous que les refrains du bagne
Au son d'un éternel et lugubre tocsin?

Serait-ce pas Don Juan qui parcourt ces allées
Où l'ombre se marie aux spectres de l'amour?
Ce pas qui retentit dans les nuits désolées
A-t-il marqué les cœurs avec un talon lourd?

Ce n'est pas le Don Juan qui descend impassible
L'escalier ruisselant d'infernales splendeurs
Ni celui qui crachait aux versets de la Bible
Et but en ricanant avec le Commandeur.

Ses beaux yeux incompris n'ont pas touché les cœurs,
Sa bouche n'a connu que le baiser du rêve
Et c'est celui qui rêve en de sombres ardeurs
Celle qui le dédaigne et l'ignore et sans trêve

Heurte ses diamants froids, ses lèvres sépulcrales,
Sa bouche silencieuse à sa bouche et ses yeux,
Ses yeux de sphinx cruels et ses mains animales
A ses yeux, à ses mains. à son étoile, aux cieux.

Mais lui, le cœur meurtri par de mortes chimères,
Gardant leur bec pourri planté dans ses amours,
Pour un baiser viril, ô beautés éphémères,
Vous sauvera sans doute au seuil du dernier jour.

Le rire sur sa bouche écrasera des fraises.
Ses yeux seront marqués par un plus pur destin.
C'est Bacchus renaissant des cendres et des braises
Les cendres dans les dents, les braises dans les mains.

Mais, pour un qui renaît, combien qui, sans mourir,
Portent au cœur, portent aux pieds de lourdes chaînes !
Laissez couler les eaux, laissez les morts pourrir
Et chaque an reverdir le feuillage des chênes.

L'ART SAUVAGE

(Introduction)

par

PAUL ELUARD

Dépendre de soi-même, de son expression la plus profonde, intervenir sans cesse dans ce mystérieux domaine des caves silencieuses du cœur, du sang, des yeux, de la tête épousant les formes de la passion, du désespoir, de l'indifférence, de la fureur, formes humaines qui ne se livrent à la mort que pour abandonner un monde impuissant.

Vous anéantissez les sauvages par amour de la logique, et aussi par pudeur, et par charité, cette charité qui procède par analogies et qui vous fait donner la moitié d'un manteau à celui qui mourra d'être à moitié nu. Vous êtes des saints. Cela vous brise comme verre d'entendre faire l'amour et rêver, sans yeux, au grand soleil.

Si le sauvage affirme qu'il est un homme, ce n'est pas pour se distinguer des animaux, mais des esprits. S'il se tait ils se taisent, s'il chante ils chantent, s'il danse ils dansent. Il les porte sur son visage, il leur sacrifie leurs semblables, ses semblables.

EATING A FLOWER
ou le
CANNIBALISME
en Nouvelle-Guinée.

Les lois magiques de la vie morale. Comment il est parfois impossible (et j'aimerais dire matériellement impossible pour moralement impossible) d'aimer un oiseau, un brin d'herbe ou l'étoile du matin.

Par l'usage que l'on fait du mot artificiel, nous disons que le sauvage vit d'une vie absolument artificielle.

Créer des hommes, cela dénote une pauvre imagination. Mais des esprits, et des invisibles; pour n'être pas tenté de les regarder. Agir avec un tel détachement. Si l'esprit invisible s'impose à vos yeux, brisez-le.

Parmi nous, la statue fait partie du décor. Pour le sauvage, elle supprime le décor et jusqu'à son propre décor : son corps. Il lui révèle sa mutité, sa cécité, sa paralysie, le vent parmi la poussière de ses os. Il lui révèle qu'ils sont égaux, toutes apparences dénoncées.

Le fétichisme est le contraire de la religion. Le sauvage dresse les esprits les uns contre les autres, se venge des uns, se sert des autres, remplace ceux qui sont usés, toutes ses croyances varient et il rit ou il pleure des spectacles qu'elles lui donnent.

S'il avait des dieux, il en aurait vite raison. La puissance divine, il suffit de la limiter, de la contrarier un peu. A la portée de tous. Ou bien, au début de tout, être déicide comme on est infanticide. Sinon, c'est la guerre : le soleil contre la lune, la mer contre la terre. Et les victimes ne se ramassent pas toutes seules.

Les fétiches ne sauraient se séparer de leur créateur, le sauvage dont nous parlons. Et cette idée naît en ce créateur que ses créatures l'ont lui-même créé. La subjectivité crée une objectivité qui retourne au fur et à mesure de sa création à la subjectivité créatrice. Quand le sauvage a connu le miroir, il l'a cassé et en a fait des yeux à ses poupées, des pères à ses enfants. Imaginez une glace recouverte de tain sur ses deux faces et dans laquelle un homme rêve que ses yeux, à l'extérieur, prouvent qu'il est à l'intérieur.

D'autres que moi se sont mis à votre goût pour vous expliquer le totémisme.

Voici les Poissons des Inondations, les Oiseaux du Tonnerre, voici qu'entre les Quatre points cardinaux se place la tête d'un ancêtre, un aigle, une libellule ou un homme, voici les Grands Fantômes, voici que la réalité devient l'image de l'inconscient, voici qu'il est permis au langage d'exister, aux formes de se fixer pour assister au départ des gestes du délire. Le sauvage a fait une image, voici que la réalité ressemble à cette image et qu'elle devient sacrée. La création s'inscrit enfin dans un monde incréé. Les phénomènes de la nature sont des phénomènes de l'esprit. Ils seront consultés, médités, provoqués, séduits, menacés, combattus, divisés. Puissances naturelles, s'il le faut, nous vous couperons la tête,

LE VENT SERA FOUETTÉ.

Nous attribuons à la toute-puissance naturelle des idées, toute la responsabilité du monde. Et cela en sera toujours ainsi, alors même que notre mémoire faillirait.

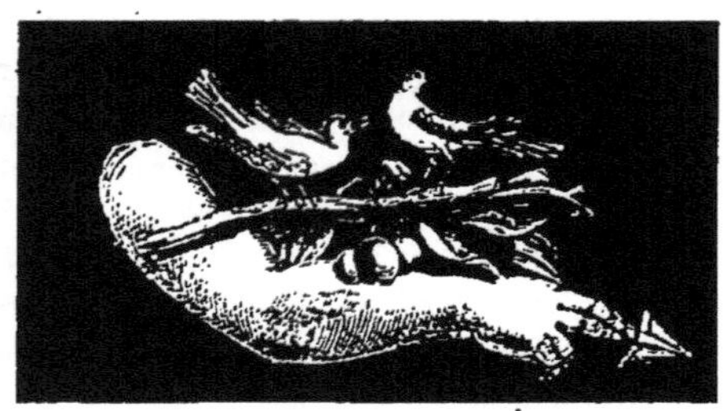

Max Ernst

POÈMES

par

E. L. T. MESENS

Les femmes n'osent pas nous regarder longtemps au fond des yeux.

Il avait pris pour habitude
de dessiner, la nuit,
ses rêves dans la pierre.
Inspiré par le vent
et guidé par la lune
il inventait sans y penser
l'image atroce
de ma cruelle inquiétude.

*
* *

Je suis tout seul
dans le kiosque à musique
enfermé dans le jardin.

« Sans musique la prison devient supportable »

L'on se perd parmi les racines
L'on se retrouve entre les branches
Les jeunes pousses
Les lignes de la main.

*
* *

Lueur plus douce que le lait des laines
Robe relevée comme un casque d'acier
Le voleur court à perdre haleine
et s'arrête quand il vous sied.

Cœurs durs, fermés, chargés de peine.

Fétiches

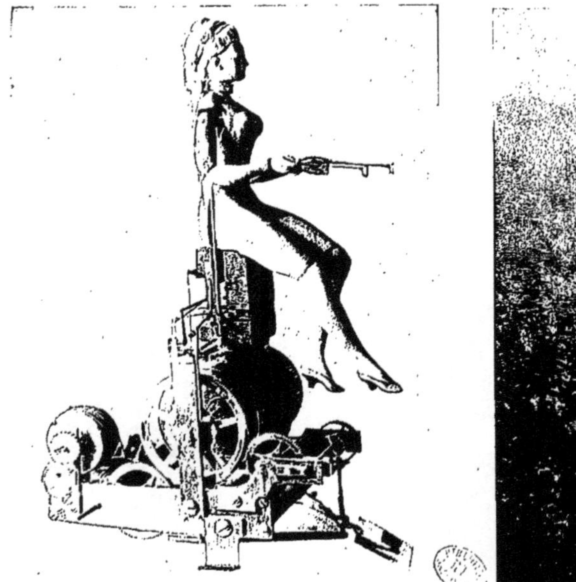

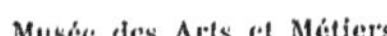

Musée des Arts et Métiers

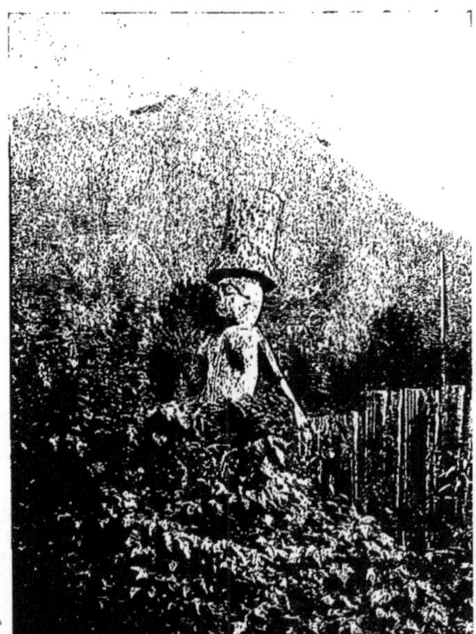

British Columbia

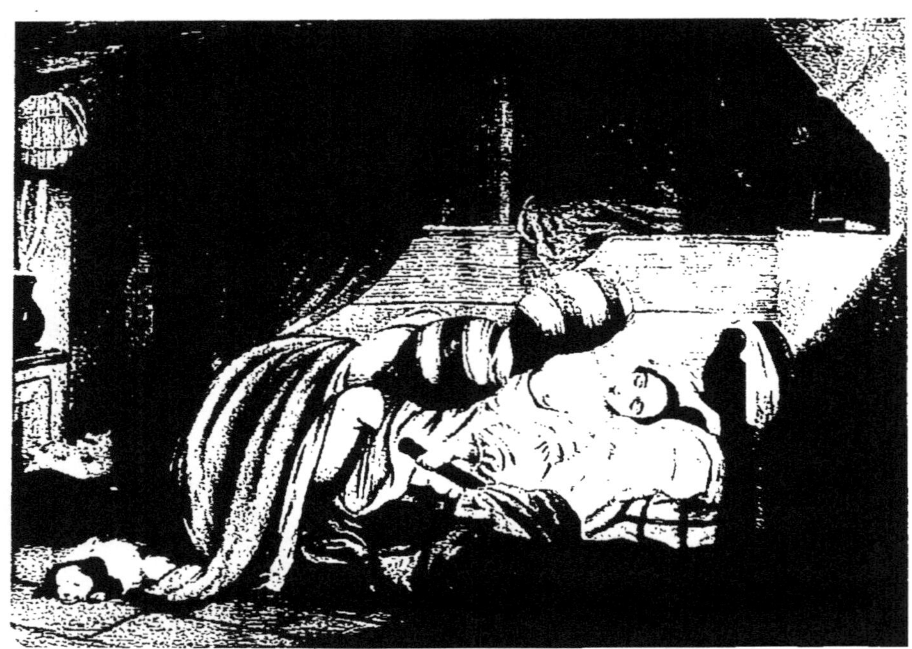

Anonyme : Le Rêve

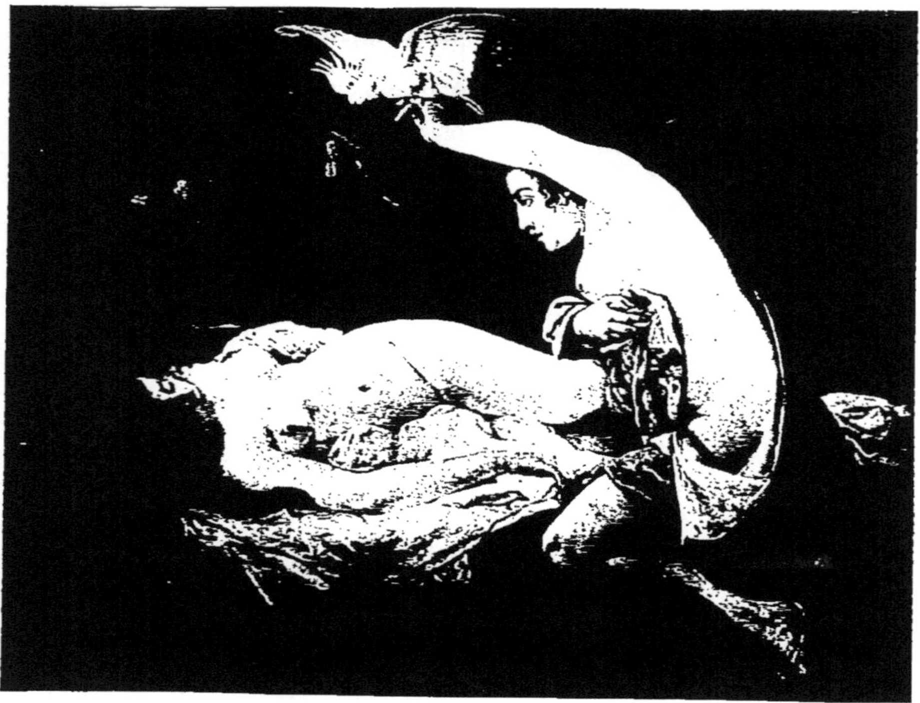

Gustave Courbet : Le Rêve (1864)

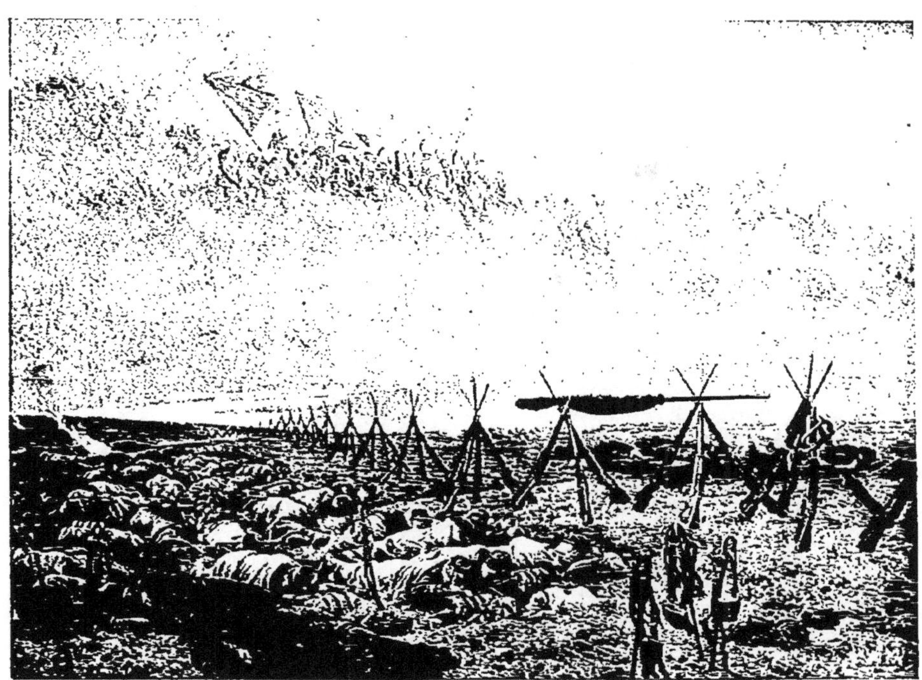

Edouard Detaille : Le Rêve (1888)

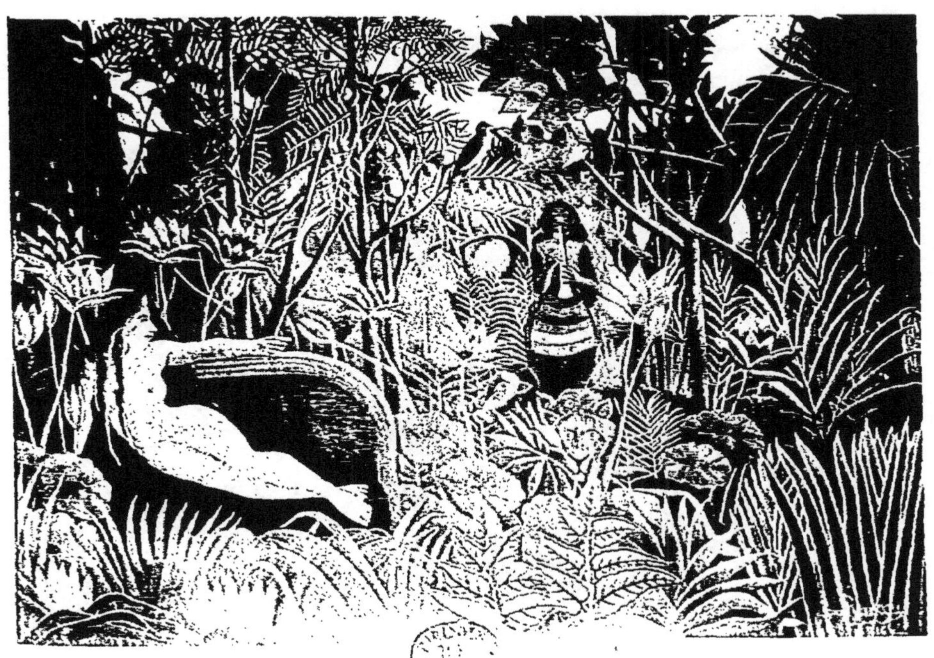

Henri Rousseau : Le Rêve (1910)

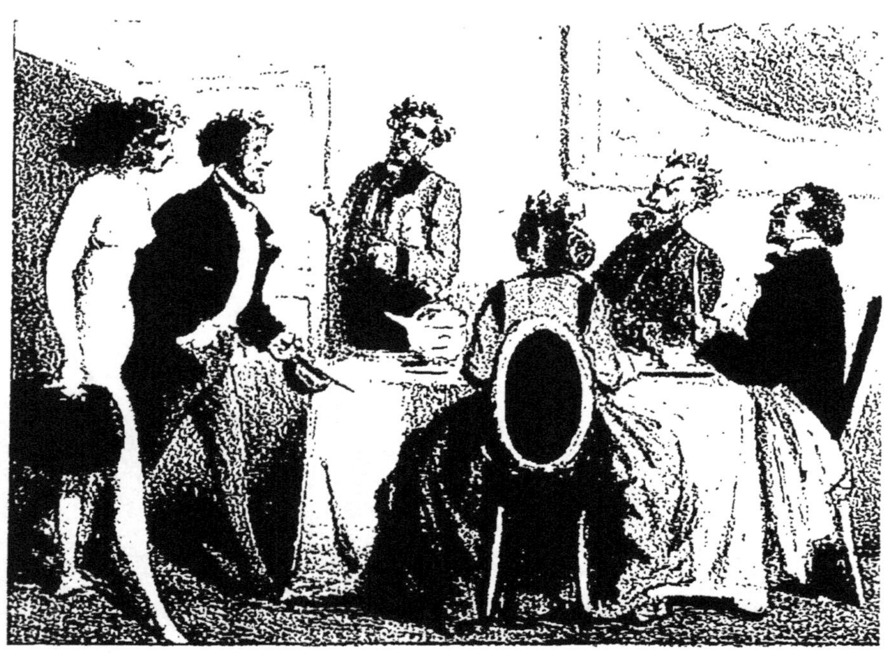

Hervey de Saint-Denis : Représentation dessinée d'un rêve (1867)

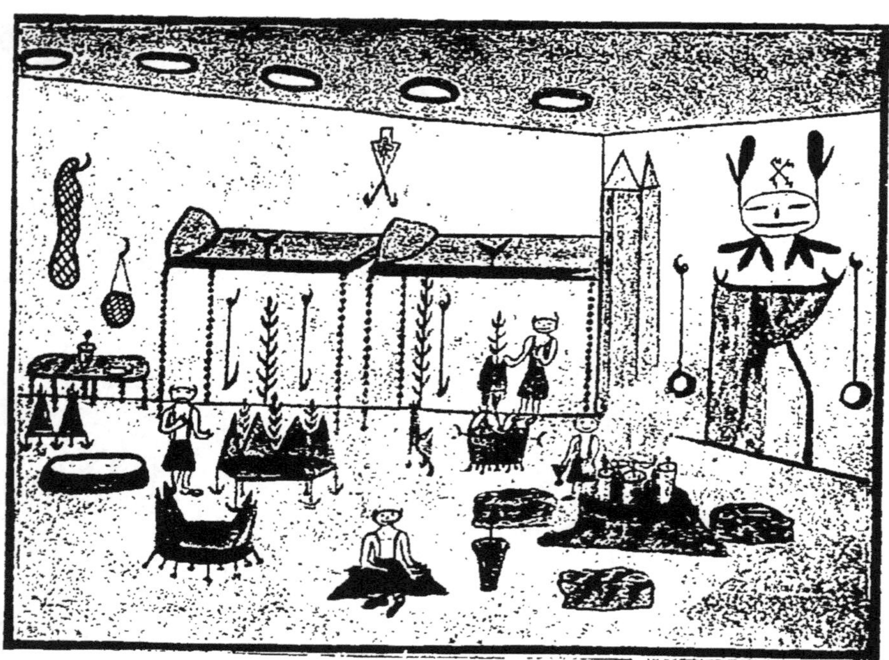

Hélène Smith : Intérieur ultramartien (1899)

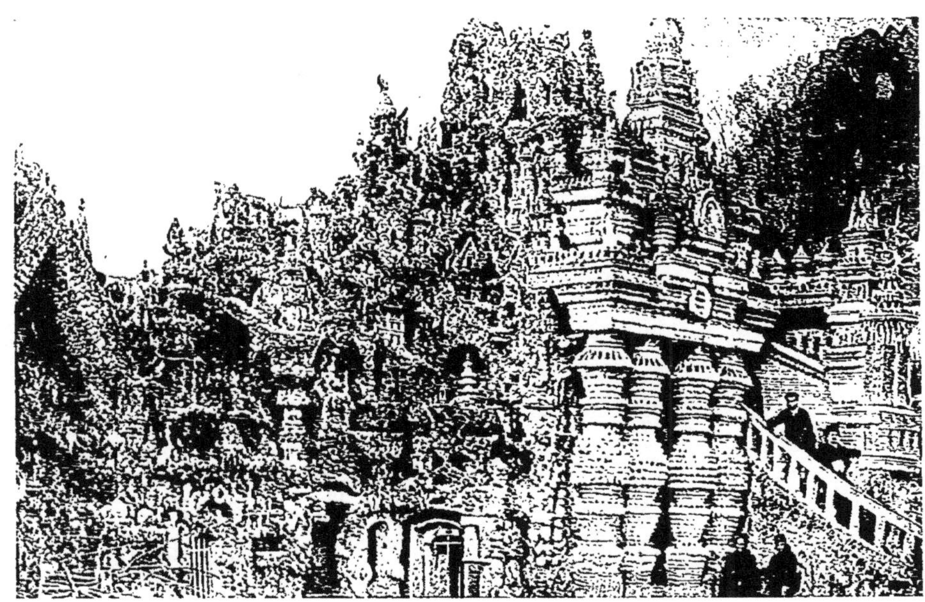

Hauterives (Drôme) : Tombeau du facteur Cheval

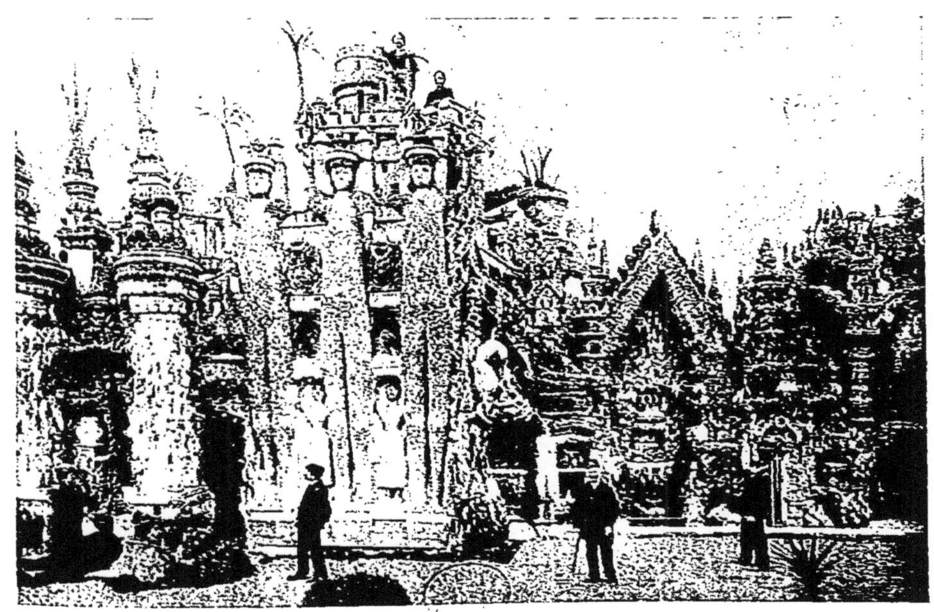

Hauterives : Palais idéal

« Toutes mes idées me viennent en rêve et, quand je travaille, j'ai toujours mes rêves présents à l'esprit. »

Le facteur CHEVAL (1907)

Le cadavre exquis

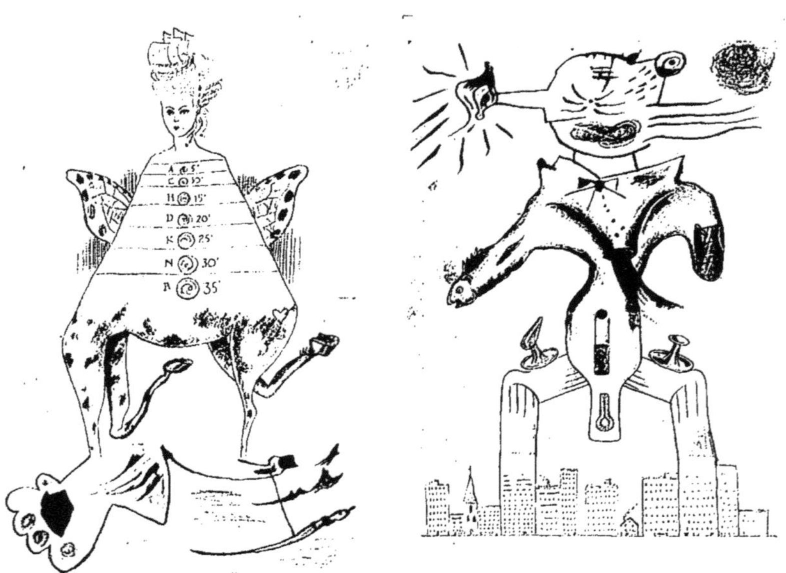

Quatre dessins en collaboration

Le cadavre exquis

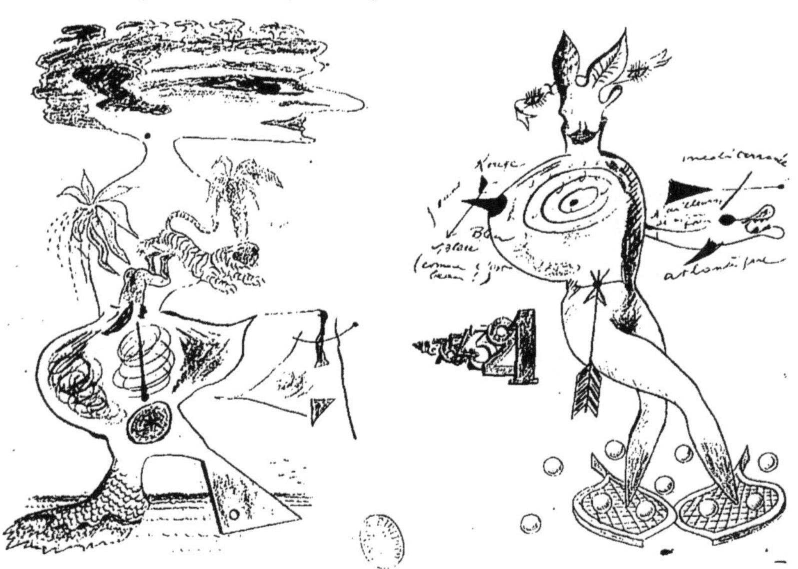

par Joan Miró, Max Morise, Man Ray, Yves Tanguy

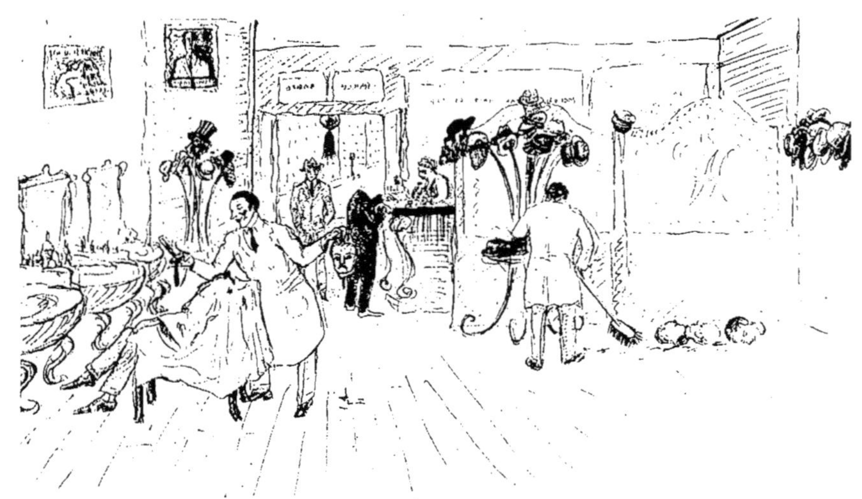

Max Morise : Chez le coiffeur

LORSQUE L'ESPRIT...

par

RAYMOND QUENEAU

I

Lorsque l'esprit, abandonnant les recherches d'un but immédiatement pratique s'adonne à l'étude du monde physique, sa diversité le déroute à ce point que des principes de relativité ou de dénombrement s'offrent seuls pour l'explication de la dite diversité, dont le possessif précédent s'appliquait aussi bien à l'esprit rechercheur qu'au physique recherché. La classifaction en vivants et en non-vivants est à la base de la physique comme de la chimie, car la chute des corps, dont les lois se modèlent sur la plume ou le plomb, ne prend jamais pour exemple le cochon d'Inde ou l'escargot. Pourquoi les expériences établissant les lois de la pesanteur n'ont-elles jamais été faites avec des êtres vivants : un pigeon, par exemple, ou un aigle? Il y a là manque d'honnêteté chez le physicien. D'autre part, puisqu'une *majorité* d'objets ne *tombent* pas (les poussières en suspension dans l'atmosphère, les oiseaux, les nuages, les ballons, les aéroplanes, les planètes, les étoiles, les archéoptéryx [en leur temps], etc...), c'est donc qu'il n'y a aucune raison pour que les *autres* tombent. A vrai dire, une chose ne se dirige vers le centre (?) de la terre (??) que si elle rencontre un tampon. Un tampon est un être invisible, imaginaire et fallacieux, qui guette les objets sans support matériel et s'accroche à eux. Puis il vole vers la terre et les y dépose; puis repart. On a ainsi l'illusion d'une chute, mais il n'en est rien : il n'y a là qu'une sorte de transport, je dirai même un mode de locomotion.

Nous étudierons, dans le cours supérieur, les tampons spécialisés dans la chute des feuilles et ceux qui prennent les formes de l'âge et de la mort.

II

Le monde est un comprimé tombé dans un verre d'eau.

*
* *

L'air et l'eau sont identiques par rapport à la terre, l'éther et l'eau par rapport au monde : les montagnes résultent de la désagrégation de la terre sous l'effet de l'air.

*
* *

Les planètes résultent de la désagrégation du soleil sous l'effet de l'eau (éther).

*
* *

Les satellites sont les bulles d'air contenues dans le comprimé qui s'échappent au moment de sa désagrégation, entraînant avec elles certaines parcelles solides. Les aérolithes et les comètes paraissent être uniquement solides et d'ordre explosif.

*
* *

Ainsi la lune est creuse.

Il y a au fond du monde, un comprimé qui, se désagrégeant, projette les étoiles dans le ciel.

Alexandrin : L'astre est au fond perdu et les cieux sont de l'eau.

*
* *

La terre aussi est au fond; c'est elle qui — si l'on veut — a produit les étoiles.

*
* *

Des particules qui ont jailli retombent et réintègrent leur domicile ancien. Des îles et des continents ont cette origine.

*
* *

La terre est un navire qui a coulé, la lune est un noyé, les comètes des épaves.

*
* *

Le comprimé est un volcan, sa propre désagrégation la lave, les particules A la fumée, les particules B la pierre ponce.

C'est aussi le mort qui tombe dans la terre municipale des cimetières, les particules A sont les cris de désespoir de l'enterré qui respire, les particules B sont les vers les plus vite repris, et qui galopent vers la surface afin de prendre le frais aux pieds des cyprès si proches. Le mâle mouline avec sa canne et la femelle brode des coussins en forme d'éventail.

*
* *

L'astronomie est une science ratée et le soleil continue à tourner autour de la terre. Les préoccupations relatives aux millions d'années-lumières n'ont jamais intéressé que les vulgarisateurs, et le nombre, incalculable paraît-il, des étoiles, n'a rien à voir avec l'infini.

L'astronomie, vacillante et faiblarde, s'asile. Dans des établissements de forme obscène dits observatoires : une coupole fendue en deux dans laquelle s'insère un télescope.

*
* *

L'idée de la Lune est un concept en forme de poire.

*
* *

De même, le concept de soleil à la forme d'un œuf.

*
* *

Louis-Philippe, c'est le roi-lune; Louis XIV, le roi-œuf.

*
* *

Sont en forme de poire : la royauté, la S. D. N., la bourgeoisie, le Code Civil, l'intégrité du territoire, le drapeau. Sont en forme d'œuf : le pape,, le christ, le soldat inconnu, le baptême, la circoncision, le vatican.

*
* *

La guerre est un concept en forme de coupe-cigare, le petit jour en forme de tête de mort (le réveil-matin, par exemple, est supporté par deux tibias), le parapluie en forme de machine à écrire. Il y a aussi les idées en forme de boîte à sardines : les rébus, les maisons, les langues mortes, les langues vivantes.

*
* *

Inutile d'aller plus loin : il me suffit d'ouvrir la voix aux chercheurs futurs et dentifiés (le concept de recherche étant en forme de dent).

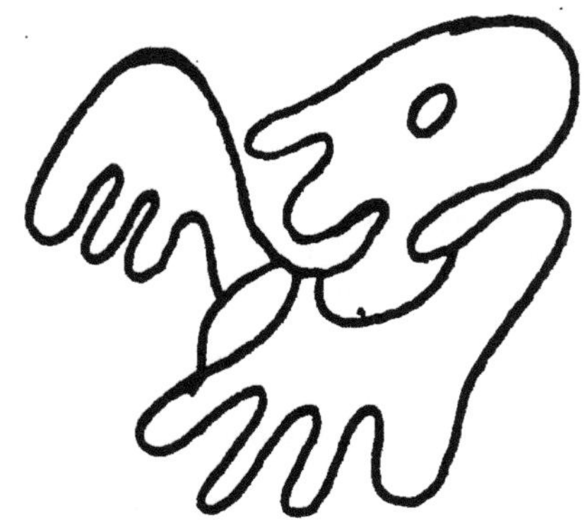

Arp

POÈMES

par

FREDERIC MÉGRET

ORGUEIL

Chez nous
les patinettes sont immobiles
les rockings-chairs insubmersibles
les supercheries inaccessibles
les pachydermes intraduisibles
Oui mais chez nous
les cibles sont invisibles

L'ARGENT DU TEMPS

Les soucis regagnèrent leurs potences
Quelle est la couleur d'un centaure
Entre cinq et six répondit la vitrine aux mains de mimosas
il faut dénoncer les platanes dans une pâtisserie

LA RUSE

La montagne sans chaussette
un prince dans les salades

FACÉTIES PHÉNICIENNES

Colonnades blanches de férocité
où les animaux aveugles errent en silence
et lèchent la statue rose
dont les bras remuent aux vents

De temps à autre
un oiseau tombe
au milieu d'eux
et un soupir remonte en spirales argentées
tandis qu'un animal fébrile
se couche pour dévorer l'oiseau
derrière une pyramide sombre
où des calculs scintillent
chaque main de la statue immobilise un nuage
l'animal se relève avec deux petits yeux
et à travers les colonnes stupéfaites
traverse la ville endormie
ou les éclats de verre ensevelissant encore les chapeaux oubliés
dans l'ombre des machines déchues
et gagne la campagne
où les conciliabules des arbres
font trembler les mappemondes
et où vivent en se regardant
les léopards aux yeux d'alouette
les vaches aux yeux de rossignol
les lynx aux yeux de mouette
les éléphants aux yeux de corbeau
les hélodermes aux yeux de chouette

PROJET DE CHOCOLAT

Comptable étranglé
les lorgnons réveillés
les oreilles grelottant dans un soulier
au delà de la brèche sulfureuse
un homme cassé en deux
mangeur d'éponges

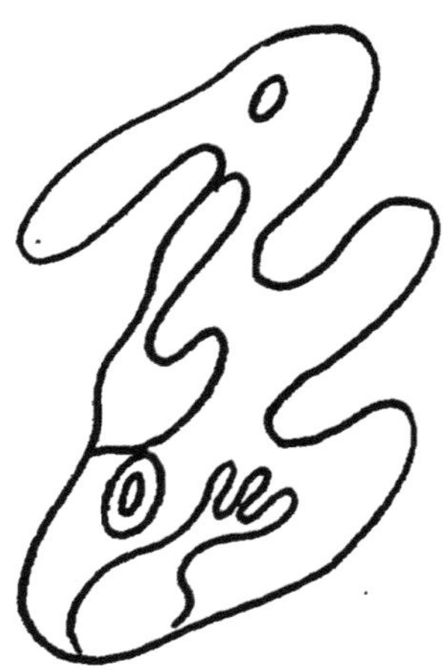

Arp

A BAS LE TRAVAIL !

par

ANDRÉ THIRION

Que d'artifices employés pour « faire prolétarien ». Ainsi bon nombre de nos journalistes communistes confondent l'obligation de parler un langage non seulement compréhensible des ouvriers, mais surtout pensé par la classe ouvière avec une sorte de genre descriptif, de tic ouvriériste qui, dans le plan même de la description, constituent des caricatures de ce que sont réellement les ouvriers.

Que les écrivains naturalistes soient allés bien souvent chercher leurs héros dans les classes populaires cela montre seulement qu'à une certaine époque, on a senti le poids de ces classes. Croire qu'ils se rapprochent du prolétariat en décrivant d'une façon lourde, scolaire, l'existence des travailleurs est la grande utopie des attardés du naturalisme. A remarquer que c'est par des égoûts du genre Pierre Hamp que cette tradition continue à irriguer beaucoup de nos écrivains communistes. Avec l'inconséquence et le manque de sens critique qui caractérisent les Français, et leur manie de prendre toujours le contenant pour le contenu, on pouvait être sûr qu'à cette étrange façon de *faire camarade* avec la classe ouvrière, on ne pouvait avoir sur les ouvriers et leur condition, que les idées les plus saugrenues. C'est ainsi qu'en recommençant sans cesse le même portrait avec pantalon de velours, on est devenu amoureux du modèle.

Chaque jour, il nous tombe sous les yeux quelque article où l'on exalte la beauté plastique du travail, de l'effort, et, corrélativement, leur valeur morale, où l'on palpe le prolétaire, où l'on soupèse ses muscles — comme Taylor — pensant ainsi le gagner à la cause par la flatterie la plus discutable et l'admiration la plus équivoque. Ils en ont plein la bouche, nos intellectuels (qui pour la plupart *ignorent* ce qu'est le travail) quand ils parlent de « l'atmosphère laborieuse des usines », où de la « dure existence du mineur », et que les images les plus dégoûtantes bavent de leurs lèvres humides.

Encore heureux qu'il se trouve des esprits à la page pour s'apercevoir (depuis la « rationalisation ») que *l'effort* des ouvriers français les esquinte, qu'ils décrivent la chaîne, chez Citroën, par exemple, comme un bagne. Alors ces gens gardent leur verve pour nous donner de belles images de la « Russie au Travail », comme ils l'appellent. On finit d'ailleurs par ne plus comprendre, car rien ressemble autant à un piqueur de Lens qu'un piqueur du Donetz qui souvent manie la même machine américaine que son camarade français. On en arrive ainsi à désigner l'U. R. S. S. par l'expression « République du Travail » qui est un contresens de l'espèce la plus réactionnaire. Qu'à cela ne tienne! Ces messieurs estiment qu'il ne peut être question de renoncer à leur « poésie » parce qu'on introduit la journée de 7 heures dans les usines russes.

L'apologie du travail, c'est, depuis que l'esclavage a disparu de l'Europe Occidentale, une vieille idée des classes dirigeantes. Faire croire au monde que le labeur est le meilleur remède à l'emmerdement, voilà le fin du fin de la morale réactionnaire. Cela n'a pas d'autre but que de discréditer toute activité *non productive* de ceux qu'on exploite. La bourgeoisie s'est empressée de s'annexer une religion qui sert si bien ses intérêts. Travailleur dans les usines capitalistes est noble »; les vieux serviteurs sont récompensés; les meilleurs ouvriers touchent une prime, alors que le travail est devenu de plus en plus *répugnant* (1), que l'occupation la plus imbécile est préférable! Voilà une assez habile infamie!

Même du dehors, cela nous paraît effroyable. Je ne doute pas qu'il faille bien peu d'humanité pour supporter sans dégoût le spectacle du travail. Combien de choses s'offrent aux regards qui sont aussi laides et aussi si décourageantes? Encore un coup de pioche! La sueur lui colle la chemise au dos, à ce terrassier — sensation toujours désagréable. Remarquez qu'il en fait le moins possible, et avec quel air d'accablement! S'il n'y avait pas le bistro du coin, la pelle pourrait demeurer longtemps sur la brouette, immobile. Quand le trou sera creusé, il le rebouchera. Et, pendant ce temps passeront, indécises, de jolies femmes. Puis il ira faire un nouveau trou dans la rue voisine.

Regardez les sortir de leurs ateliers, le coolie qui travaille 12 heures par jour à Shanghaï, le manœuvre spécialisé qui vient de tirer 9 heures consécutives aux usines de Javel, et comparez leurs pas pesants à la démarche légère de l'oisif. Ils n'ont plus qu'une idée, rentrer chez eux et dormir. Etonnez-vous que les ouvriers fassent des enfants, ils ont si peu le temps de faire l'amour! L'abrutissement, l'aride abrutissement ne les quitte pas. On pense chloroformer ainsi leur révolte.

Je ne parle pas, bien entendu, de la saleté, de la mauvaise odeur qui sont inhérentes au travail. En France, cela compte peu...

Le voilà donc, *le travail*. Eh bien, puisque vous voulez vous amuser, vous, imbécile de petit bourgeois (ou de grand-bourgeois) qu'une inconcevable curiosité a poussé à atteindre cette ligne (avec l'air béatement effrayé qui vous va si bien de même qu'aux cobayes) puisque vous voulez passer un bon moment — encore que se spectacle ait pour vous la signification abjecte de remplir vos poches — allez vous asseoir pendant quelques heures aux côtés de l'ouvrier qui passe ses journées à faire des trous dans d'identiques plaques de métal, ou dans le hall d'une grande banque, ou chez l'imprimeur qui tire cette page, parmi l'aller et venue des rotatives. Allez-y! Vous en sortirez l'air hagard et les

(1) L'idée de la noblesse du travail appartient aux Hébreux, chez qui la production était assurée par des hommes libres. Les fondateurs du christianisme l'ont introduite dans leurs doctrines. Son acception dans le monde occidental a coïncidé partout avec le changement des rapports de production et l'avènement de la féodalité.

yeux clignotants, avec peut-être ce tremblement des mains qui est le signe de la démence précoce. Je prendrai un certain plaisir à vous contempler ainsi.

Rempli d'aise, l'autre petit-bourgeois, celui qui veut se donner des airs de Saint-Just, s'apprête à les traiter de feignants, de propre-à-rien, ces spectateurs dégoûtés, et il m'invite à aller les voir chez eux, les prolos. C'est justement ce que je comptais faire, le croiriez-vous, cher ami. Auparavant, permettez-moi de vous faire remarquer que vous êtes bien mal placé pour employer les qualificatifs (peut-être très exacts) dont vous vouliez stigmatiser, comme vous dites, il n'y a pas un instant, mes personnages. Mais il s'agit bien des spectateurs! Il s'agit de la haine du travail chez ceux qui y sont astreints parce qu'ils sont mal-nés, ou qu'ils n'ont pas de chance, ou qu'ils sont honnêtes, et surtout chez ceux qui y sont astreints sous les conditions de mécanisme et de salaire les plus honteuses : les prolétaires. On ne peut trouver cette haine plus violente ailleurs que chez eux. J'en atteste les jeunes ouvriers qui, en mai 1927, faisaient grève (pour la première fois) à l'usine C... « Nous sommes pour la journée de deux heures », disaient-ils, « et encore, quand on fera deux heures, on fera deux heures de trop ». Ils pensaient que n'importe quelle occupation, du fait qu'elle ne leur était pas imposée pour ce marché de dupes, cette honte qu'on appelle « gagner sa vie », était plus souhaitable que le montage des avions métalliques pour le Salon. Par exemple pêcher à la ligne ou jouer au billard.

Cette grève fut malheureuse. Le jour de la rentrée, il faisait comme par hasard, un beau soleil. Beaucoup d'ouvriers, que la direction acceptait de reprendre avec la promesse d'une légère augmentation, préférèrent chercher un autre boulot pour courir ce jour-là, dans les bois de Meudon, avec de petites camarades. Vous avez ainsi une idée de ce que ces gens peuvent se foutre de la belle ouvrage et du peu d'intérêt qu'ils doivent prendre aux photographies de ponts métalliques et de caves à vin que publient « Nos Regards »; l'intérêt d'un loup pour un chenil!

On doit alors se demander comment un révolutionnaire, ou soi-disant tel — peut ne pas croire à l'immoralité du travail. Que représentent les maximes du genre « le travail c'est la santé », « le travail régénère l'homme égaré » sinon les formes morales de l'oppression qu'il nous faut détruire ? Croit-on que les hommes puissent supporter éternellement cet esclavage ?

C'est tout de même bien assez que la vie nous contraigne sans cesse à l'effort et qu'un des grands bienfaits de l'existence soit assurément l'obligation de travailler pour donner la moindre forme à n'importe quoi. Mais, puisque nous acceptons de la subir, cette vie, nous nous révolterons toujours contre ce qui prétendra nous obliger à en finir avec elle. Ce n'est pas autrement que nous définissons le bien et le mal. Ainsi, par exemple, il ne faut pas aller bien loin pour se sentir forcé d'obéir à une nécessité plus impérieuse que le rien faire et accepter, avec ou sans enthousiasme, n'importe quelle besogne révolutionnaire. C'est dire assez en quels cas nous ne marchanderons pas l'effort. Car il n'est pas question de ne pas mettre tout en œuvre pour sauvegarder *nos imprescriptibles droits à ne pas travailler.*

Mais, écrit Marx, le travail est « en tant que producteur de valeur d'usage, en tant que travail utile, indépendamment de toutes les formes sociales, la condition d'existence de l'homme, une nécessité inhérente à la nature, l'instrument de circulation entre l'homme et la nature, c'est-à-dire la vie humaine (2) ». Alors, nous dira-t-on, sortez si vous le pouvez de cette contradiction. Nous ne sommes pas fâchés, crieront les uns de vous voir, à force de surenchère, entrer en conflit avec la « doctrine ». Et les autres, les amis des barbares, les « nous sommes à vous chers nègres », les prophètes de l'Orient, les mendiants manqués, les cheminaux ratés, tout ce que l'anarchie a pondu en fait de larves de ululer à nos oreilles la clameur de l'individuel.

Fort bien, c'est avec plaisir que nous allons confondre les uns par leur ignorance et les autres par leur bêtise. La mort elle aussi est la condition d'existence de l'homme, mais je ne désespère pas de voir un jour la guillotine mise en pièce. La paresse humaine est continuellement foulée aux pieds par la nécessité de travailler à seule fin de maintenir sa propre existence. Seulement, l'homme, *par son travail,* assure dans la production une part plus considérable chaque jour aux forces inhumaines, celles de la nature et des machines. Le machinisme sans cesse plus puissant et plus complexe, permettra donc de réduire peu à peu de travail humain jusqu'à sans doute lui assigner une part extrêmement petite dans la vie de chacun. Malheureusement, si petite que soit cette part, elle constituera tout de même une des servitudes dont l'homme ne pourra jamais se défaire. La synthèse ne sera donc vraisemblablement jamais totale. Mais la pousser le plus loin possible vaudra bien tout le sang répandu déjà par des dizaines d'insurrections du prolétariat où quelquefois la bourgeoisie fut écrasée par ces ouvriers à qui elle avait imprudemment donné l'habitude de faire les gros travaux, et aussi tout le sang que répandront les révolutions prochaines. Pour celles-là, il faudra beaucoup de haine, et les gens qui s'accomodent de tout ne seront pas de votre bord. Et c'est pourquoi nous disons *merde* à ceux qui, sous ce régime seraient honteux d'être les mauvais ouvriers, *merde* à ceux qui méprisent les chômeurs périodiques, les traîneurs de cliniques, les faiseurs de lundi, les innombrables qui ne succombent à la loi du travail que sous les coups de fouets de la faim, *merde* à tous ces laborieux, depuis ce jeune bourgeois qui, pour édifier une fortune colossale, ne connaîtra pas le sommeil et le normalien abruti par ses veilles jusqu'à l'ingénieur dévoué, l'employé modèle, le journaliste amoureux des mains calleuses, *merde* pour eux comme pour tous les contre-révolutionnaires et leur misérable idole, LE TRAVAIL...

---

(2) Marx-Engels : *Manifeste communiste.*

(3) Karl Marx : *Le Capital,* livre I, chap. I.

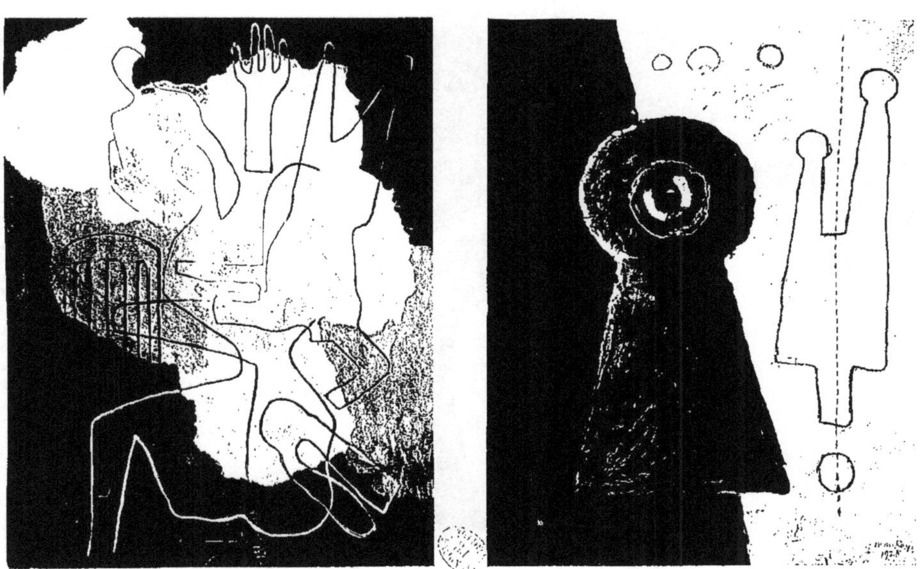

Man Ray : Gens en colère dans l'après-midi

Man Ray : Trou de serrure

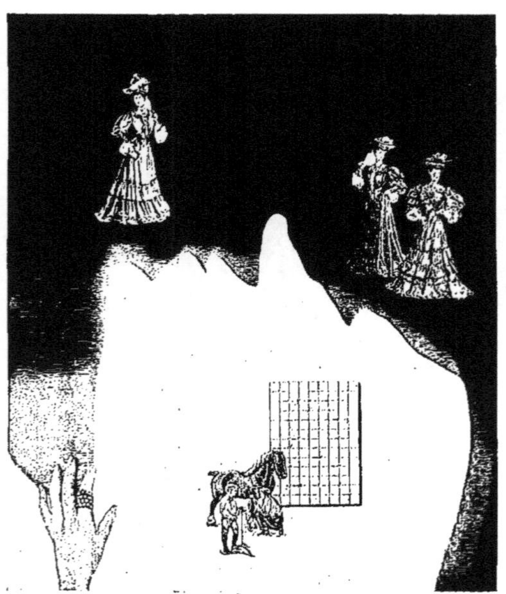

E. L. T. Mesens : Je ne pense qu'à vous!

Cheyletus eruditus est un acarien de
proie se nourrissant d'autres aca
riens. Il est armé de puissantes
mandibules. Il inocule à ses ad
versai res un li
quide ve nimeux.
On le rencontre
dans les gr
eniers ; dans
les cam pagnes,
si la végéta
tion commen
ce de pourrir;
dans quelques
toiles, dans ces
baiers livres d
écom posés.
Il fa ut dire
aussi que Leuckart
le recon nut par
mi les myriades
d'acariens qui se jetèrent sur les ou
vriers et sur les fidèles, quand on
ouvrit les tombes de l'église Saint
Pierre à Londres.

P.N. 2-4-27.

Paul Nougé : Carte postale éducative

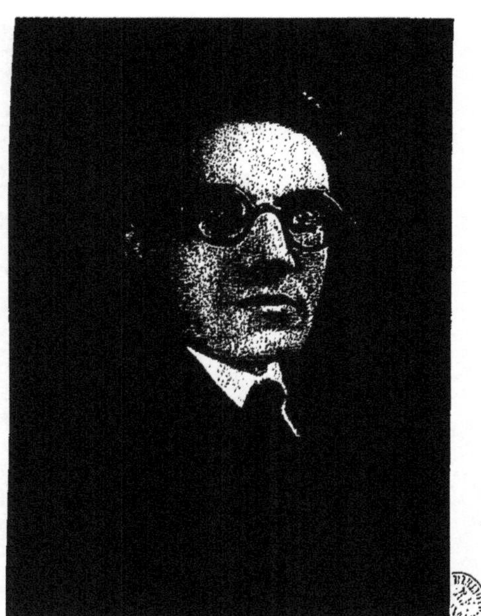

Paul Nougé

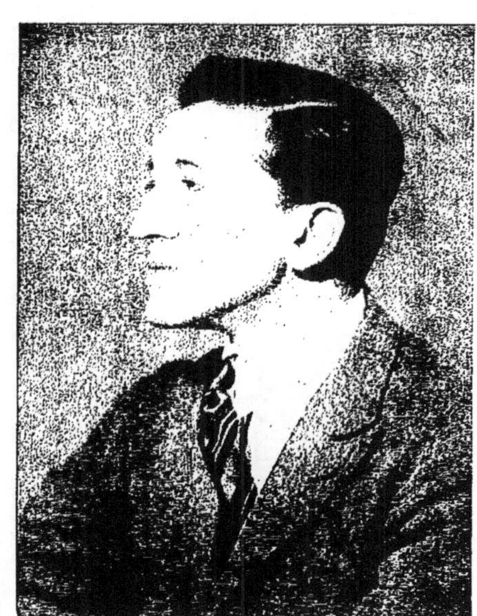

Max Morise

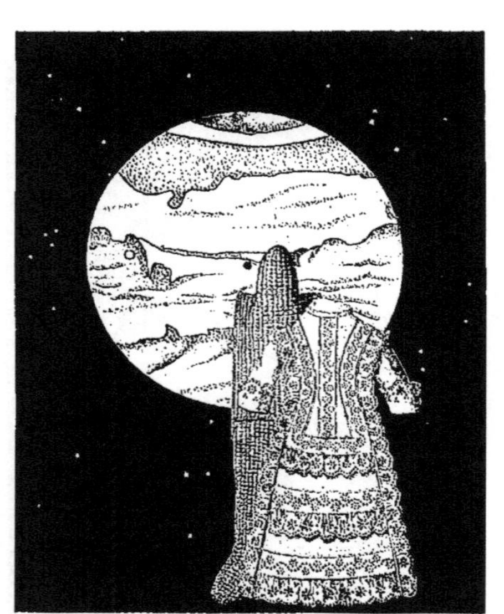

E. L. T. Mesens : L'instruction obligatoire

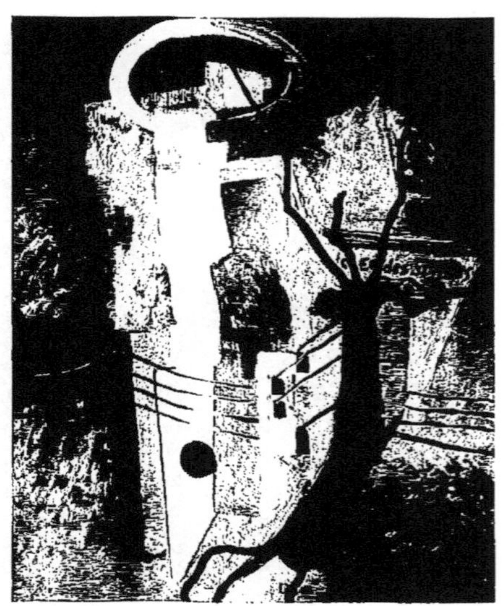

Georges Malkine : La clef des songes

LE TRÉSOR DES JÉSUITES

par

ARAGON ET ANDRÉ BRETON

PROLOGUE

Devant le rideau.

LE TEMPS *(représentation conventionnelle, faulx)*; L'ETERNITÉ *(jeune femme en robe blanche, cheveux épars, serrant dans ses bras une grande étoile lumineuse).*

LE TEMPS. — Je suis le Temps.

L'ETERNITÉ. — Je suis l'Eternité.

LE TEMPS. — Je tiens la faulx.

L'ETERNITÉ. — Je tiens l'étoile.

LE TEMPS. — Je coupe.

L'ETERNITÉ. — J'illumine.

LE TEMPS. — Mirage, nous sommes au cinéma. Les images de l'écran, infidèles comme de jolies femmes, s'effacent sous les yeux des spectateurs. Qu'importe! le rôle du cinéma n'est-il pas simplement de charmer les heures des hommes?

L'ETERNITÉ. — Les heures... les heures de loisir, les heures de travail. Qu'est-ce que les heures? La pellicule s'altère, les grandes maisons d'exploitation s'effondrent les unes après les autres. Il n'en va pas autrement de la vie, ce film impossible à suivre et dont cependant un jour s'éclaire mystérieusement le sens.

LE TEMPS. — Bah! tout passe.

L'ETERNITÉ. — Non.

LE TEMPS. — Qu'est-ce donc qui persiste?

L'ETERNITÉ. — Ce qui trouve dans la vie un écho merveilleux... Tiens, puisque tu t'intéresses au cinématographe, je vais te faire assister à l'apothéose d'un genre oublié, que les événements de chaque jour font renaître. On comprendra bientôt qu'il n'y eut rien de plus réaliste et de plus poétique à la fois que le ciné-feuilleton qui faisait naguère la joie des esprits forts. C'est dans *les Mystères de New-York,* c'est dans *les Vampires* qu'il faudra chercher la grande réalité de ce siècle. Au delà de la mode, au delà du goût. Viens avec moi. Je te montrerai comment on écrit l'histoire. *(Au public, très haut :)* 1917!

(Ils sortent, le rideau se lève.)

Premier Tableau

La scène représente : pour le tiers gauche un élément de tranchées de laquelle trois hommes émergent à mi-corps, pour les deux tiers droits un palier d'hôtel avec trois portes numérotées : 331, 332, 333. Face au public, un tableau de sonnerie, un tableau de téléphone et l'écriteau : « Taisez-vous — Méfiez-vous — Les oreilles ennemies vous écoutent ». — A la porte du 331, deux paires de chaussures de femme.

Seule la partie droite est éclairée au début de la scène. La femme de chambre considère les deux paires de souliers, les soulève, rit, les repose.

La Femme de Chambre. — Encore deux femmes. Ah là là!

A ce moment, bruit de canon. Elle sursaute et porte la main à son cœur.

Le valet de chambre qui vient d'entrer, plumeau derrière le dos, hausse les épaules.

Valet de Chambre *(fort accent suisse)*. — Ça n'est rien. La Bertha.

La Femme de Chambre. — Ça vous fiche des peurs.

Le Valet de Chambre. — Un petit bruit sec, hygiénique. *(A ce moment, sonnerie du téléphone. Il se précipite à l'appareil.)* — Allô! Quoi? Un client? Bon, ça va, on radine. *(Il sort.)*

La porte du 333 s'entr'ouvre.

Voix de Femme *appelant*. — Personne?

La Femme de Chambre. — Mademoiselle?

Mad Souri. — Cette petite jupe, on peut me la repasser pour demain matin? Seriez très gentille.

La Femme de Chambre. — Mais certainement, Mademoiselle. *(Elle entre dans la chambre, sort en tenant une jupe qu'elle essaye sur elle. Montrant que la robe s'arrête aux genoux :* Si c'est pas honteux!

Voix du Valet de Chambre *à la cantonade*. — Par ici, Monsieur.

Entre un voyageur, valise portée par le valet de chambre.

Le Voyageur. — La? *(Il pousse la porte du 333)* Oh! Pardon, Mademoiselle.

Le Valet de Chambre. — A côté, Monsieur.

La porte du 333 se referme.

Le Voyageur. — Belle petite!

Le Valet de Chambre. — Le 332, Monsieur. *(Il ouvre la porte, le voyageur entre derrière lui. Lumière.)*

Le Voyageur *(de l'intérieur)*. — Vous direz au cocher d'attendre.

Le Valet de Chambre. — Au cocher?

Le Voyageur. — Oui, je garde mon fiacre.

Le valet de chambre, étonné, s'en va, après avoir fermé la porte.

Le Valet de Chambre. — Il garde son fiacre? Drôle de particulier. *(Il sort.)*

La porte du 333 s'ouvre à nouveau. Un bras de femme, nu, dépose lentement une paire de souliers. A ce moment, le 332 s'ouvre également; le voyageur regarde le bras, puis les souliers. Il sort sur le palier, fait mine de traverser, puis s'arrête. La porte du 333 s'ouvre davan-

tage. Il revient sur ses pas, s'embusque dans le léger entrebaillement de la porte de sa chambre. Projecteur sur la porte de la chambre 333. Atmosphère de lumière à la tête du lit. On voit voler par l'ouverture de la porte et sans doute jeter sur un fauteuil successivement une jaquette, une jupe, divers objets de lingerie. Puis, sur une chaise, un pied se pose. Geste d'enlever un bas. L'autre bas. — La lumière s'éteint dans la chambre.

Le voyageur hésite, rentre dans sa chambre, en fermant bruyamment la porte pour la rouvrir aussitôt.

On entend partir de la chambre 333 une chanson d'abord murmurée qui va crescendo : « Mimile ». Le voyageur dépose ses souliers à sa porte. La porte du 333 remue doucement en grinçant. Le voyageur rentre dans sa chambre. On entend plus fort « Mimile ». Il ressort en pyjama, prend à la main ses souliers qu'il va mettre auprès de ceux du 333. Il frappe discrètement, entre. On voit deux bras se nouer autour de son cou. Obscurité dans la chambre, puis sur le palier.

*
* *

Le quart gauche de la scène s'éclaire faiblement, montrant une tranchée dont le talus est surmonté d'un enchevêtrement de fils barbelés. Boue. Simon, au premier plan, lisant une lettre.

PREMIER SOLDAT. — Pour s'faire chier, on s'fait chier.

DEUXIÈME SOLDAT. — T'en fais pas, on les aura.

PREMIER SOLDAT. — Tu l'as déjà dit l'année dernière.

DEUXIÈME SOLDAT. — Et le Kronprinz, dis donc, on n'en parle plus?

PREMIER SOLDAT. — Oh! doit se les rouler à Paris avec nos poules.

DEUXIÈME SOLDAT. — T'as vu le communiqué. C'est torché.

PREMIER SOLDAT. — Chaque fois qu'on parle du Chemin des Dames, moi ça me rend mélancolique.

DEUXIÈME SOLDAT. — Du Chemin des Dames? Cochon! Reluque Simon. Alors, Simon, quoi qu'elle jase, ta marraine?

PREMIER SOLDAT. — Elle t'envoie des dragées?

Grand bruit de mitrailleuses. Tous trois baissent la tête. Silence.

SIMON. — C'est-y que les pruneaux ne vous suffisent pas?

PREMIER SOLDAT. — Tu l'as jamais vue, ta marraine?

SIMON. — Une seconde. Je les mets dans cinq minutes. Vivement Paname! Et que je lui présente mes civilités.

PREMIER SOLDAT. — Tu t'exprimes. Ma fourragère que tu tombes sur une vioque!

SIMON. — Une vioque? Des fois que t'en aurais vu des mêmes! *(Il leur passe une photographie.)*

PREMIER ET DEUXIÈME SOLDATS. — Oh! Maquarel, la belle bleue!

Sifflement admiratif. A ce moment, une fusée.

DEUXIÈME SOLDAT. — Mais je la connais, moi. C'est Musidora dans *les Vampires.*

SIMON. — T'es bête. C'est moi qui lui ai demandé de se faire tirer en maillot noir.

DEUXIÈME SOLDAT. — On vend des cartes postales comme ça. Ça fait rêver.

SIMON. — Eh bien quoi! Bien sûr qu'on rêve devant des photos pareilles!

PREMIER SOLDAT. — Ah! il faut des souris d'hôtel à Monsieur!

SIMON. — Toi, tu préfères les shrapnells.

Eclatement.

PREMIER SOLDAT. — Charmante soirée!

SIMON. — Je n'en écouterai pas davantage. Salut, les potes. Je vous laisse avec ces messieurs. Je vais retrouver Madame. *(Il sort.)*

DEUXIÈME SOLDAT. — Ils sont dans les vignes les moineaux. Encore quatre jours avant ma perm, moi!

PREMIER SOLDAT. — Ce sera vite passé.

Sifflement d'obus, éclatement sur la scène.

PREMIER SOLDAT *(se relevant)*. — Je suis entier. *(Se secoue.)* Eh! le zouave, fais pas le mort. *(Se penche vers l'autre :)* Idiot, lève-toi. *(Le secoue, change de ton :)* Merde! Ah merde, merde!

Obscurité à gauche.

*
* *

A droite, dans un projecteur, on voit Mad Souri sortir du 333. Elle est en maillot noir, lampe électrique à la main. Elle éclaire successivement, comme pour voir si personne ne vient, les divers recoins de la scène, la porte du 331, celle du 332. Elle entre dans cette dernière chambre. Lumière sur le palier. On entend un bruit de discussion. Le valet de chambre entre à reculons, maintenant à grand peine un cocher de fiacre qui gesticule et fait claquer son fouet.

LE COCHER. — Nom de Dieu, si c'est permis! Je vous dis qu'il est là.

LE VALET DE CHAMBRE. — Un peu moins de bruit. Qu'est-ce que vous voulez?

LE COCHER. — Mon client. Voilà-t-il pas à c't' heure qu'il me laisse poirotter à la porte des hôtels pendant qu'il va en écraser!

LE VALET DE CHAMBRE. — Tu n'as pas dû le voir ressortir.

LE COCHER. — C'est un tapé, c'est un espion. Pas naturel, il me prend place de la Concorde il y a huit jours. Hue cocotte, on se cavale à Dieppe. Là le singe parle tout le temps à des curés quand il n'est pas au Casino. Baccarat et rebaccarat. A des cinq heures du matin, ballade sur les falaises. Rencontre avec des mecs qui ne craignent pas de fumer la pipe comme s'il y avait pas de zeppelins. Moi, pas à me plaindre, le client était plein aux as, toujours la main à la poche. On buvait à tous les bistrots.

LE VALET DE CHAMBRE. — Ce n'est pas une raison pour hurler dans un hôtel de famille.

LE COCHER. — Même que l'autre nuit il a grimpé sur le siège. Il était noir. Et je t'en dégoise, et je t'en dégoise! Les jésuites par-ci, les jésuites par là. Il disait qu'il voulait les ramener à Belleville. Paraît que ça dépend d'un papelard qu'il a dans sa poche. Un bout de géographie.

LE VALET DE CHAMBRE — C'est toi que tu l'es, noir.

LE COCHER. — Oui oui. Un trésor dans une île, quelque part du côté de la Nouvelle, enfin dans les mers. Celui qui l'aurait serait plus fort que Poincaré! Tu vois bien que c'est un espion. *(Il fait à nouveau claquer son fouet.)* Mon client, nom de Dieu, mon client! *(Il fait mine d'ouvrir la porte du 333. Le valet de chambre l'arrête. Le cocher se porte vers le 332. Sonnerie de téléphone.)*

LE VALET DE CHAMBRE. — Moment! *(A l'appareil.)* Allô, qu'est-ce que c'est? Quoi? La police? Allô! Eteindre? Une alerte? *(Il raccroche, tourne un bouton électrique. Au cocher)* Vite à la cave, les taubes!

Ils sortent. Les voix s'éloignent. Obscurité complète puis, par la porte du 332, un faisceau lumineux : la lampe électrique de Mad Souri sous le projecteur.

Elle traverse la scène en fredonnant doucement « Mimile ». Elle va au 333, y entre, en sort très vite, traînant quelque chose de lourd : le cadavre du voyageur, dans la lumière du projecteur, qu'elle enferme au 332. Puis elle prend les souliers de l'homme, qu'elle vient déposer à la porte du 332.

Sonnerie des pompiers annonçant la fin de l'alerte.

La lumière revient. Mad Souri disparaît dans sa chambre.

LE VALET DE CHAMBRE *(empêchant d'entrer Simon couvert de boue, musette, bidon)* — Voyons, militaire.

SIMON *(le repoussant).* — Allons, allons, tout est permis aux permissionnaires. Il n'y a pas d'heure pour les braves, et je veux voir ma marraine.

LE VALET DE CHAMBRE *(essayant vainement de le retenir).* — Mais Mademoiselle Mad ne peut pas vous recevoir! Elle dort. D'ailleurs, elle n'est pas seule. *(Se retournant, il ne voit qu'une paire de souliers.)* Tiens, si pourtant. Oh ben, alors!

SIMON *(frappant à la porte).* — Mad, c'est Simon!

La porte s'ouvre. Apparaît Mad Souri en chemise. Le domestique s'esquive.

MAD SOURI. — Qu'est-ce que c'est?... Ah! mon filleul.

SIMON. — Comme vous êtes belle!

MAD. — Rien de cassé au moins?

SIMON. — Je suis verni.

Elle l'embrasse longuement.

SIMON. — Je m'excuse d'être un peu sale.

MAD. — A la guerre comme à la guerre.

Ils recommencent à s'embrasser.

Voix du VALET DE CHAMBRE *à la cantonade.* — Par ici, Monsieur le Commissaire.

MAD *(très rapidement).* — Il ne faut pas qu'on nous trouve ensemble. Entre là *(elle le pousse vers le 332.)*

Elle revient précipitamment à la porte de sa chambre et faite mine de sortir à l'instant. — Entrent le valet de chambre, le commissaire de police et deux agents.

LE COMMISSAIRE. — Je dois perquisitionner dans les chambres. L'histoire de ce cocher n'est pas claire. Par ces temps d'alerte, on ne saurait trop s'alerter. Ha! Ha! Ha!

MAD *(se précipitant vers lui).* — Monsieur, je viens d'être arrachée à mon sommeil par un bruit terrible, qui paraissait provenir de là. *(Elle montre le 332.)*

LE COMMISSAIRE. — Voyons donc. *(Il fait signe à un agent d'ouvrir la porte. On aperçoit le permissionnaire en train de secouer le cadavre debout.)*

LE VALET DE CHAMBRE. — Assassin! Assassin!

LE COMMISSAIRE *(aux agents).* — Emparez-vous de ce misérable.

SIMON *(on lui passe les menottes).* — Laissez-moi, laissez-moi! *(Appelant)* Mad! Mad!

Elle le regarde d'un air énigmatique, en portant un doigt sur la bouche.

MAD. — Rendez-vous dans onze ans, le 1er décembre 1928, au Théâtre de l'Apollo.

RIDEAU

DEUXIÈME TABLEAU

La scène représente le Théâtre de l'Apollo, le 1er décembre 1928.
LE TEMPS *(en knicker-bockers) et* L'ETERNITÉ *(à la dernière mode), tenant respectivement la faulx et l'étoile, entrent de part et d'autre de la scène, devant le rideau, et se heurtent vers le milieu.)*

L'ETERNITÉ. — Pourriez faire attention.

LE TEMPS. — Je suis confus, Madame.

L'ETERNITÉ *(le reconnaissant).* — Oh! cher ami!

LE TEMPS. — Je cherchais justement une commère pour la représentation donnée à l'instant même en l'honneur de René Cresté, vous souvenez-vous, Judex? Et qui donc, mieux que l'Eternité...

L'ETERNITÉ. — J'accepte. *(Se tournant vers la salle)* Cher public, l'année 1928 tire à sa fin. As-tu remarqué, cher public, le caractère bouleversant de cette année exceptionnelle et *bissextile?*

VOIX DANS LA SALLE. — Oui, oui, bissextile!

L'ETERNITÉ. — Eh bien, le prétexte nous a paru excellent, au Temps et à moi, pour faire défiler devant vous les éléments les plus typiques du ciné-feuilleton, qu'on n'a que trop perdus de vue depuis les progrès déroutants accomplis par ce qu'il est convenu d'appeler le Septième Art. A remarquer que ce qui était le propre de l'écran a passé dans le domaine de la vie, comme nous l'avons déjà fait observer. Et ce sera l'occasion ou jamais d'évoquer devant toi, cher public,
« Les Fantômes »!

Bruit de chaînes. Apparition de fantômes conventionnels.

LE TEMPS. — «Les Spectres »!

Obscurité. Des projecteurs qui se croisent révèlent la profondeur du théâtre après le lever du rideau.

L'ETERNITÉ. — « L'Automate »!

Musique et voix : « Le Beau Bébé ». Danse d'un personnage dont le veston porte à la craie l'indication des articulations.

Le Temps. — « Les Mannequins »!

Un coin de la scène s'éclaire, on y découvre le mannequin de couturière, le mannequin de tailleur, le mannequin argent de Siegel, devant lesquels vient parader un mannequin de la rue de la Paix. Air : « Ain't she sweet »!

L'Eternité. — « Les Trains de banlieue »!

On entend un sifflement sourd. Paraît un chef de gare, agitant son falot.

Le Chef de Gare. — En voiture... en voiture... Colombes... Colombes... Colombes... *(Il a traversé la scène.)*

Le Temps. — « La Syncope »!

La toile de fond représente une boutique. Un vieux marcheur suit un trottin. Soudain il porte la main à son cœur. Scène classique de l'homme atteint de l'angine de poitrine. Il cherche à dissimuler la douleur qui le reprend à chaque pas en feignant de s'intéresser à la devanture. Le trottin s'arrête étonné. Chute de l'homme. Attroupement semi-circulaire. Long silence.

L'Eternité. — Le sol s'est dérobé sous lui. A ce propos :

« Les Terrains vagues »!

Toile tombant des plinthes et agitée rythmiquement, hors de laquelle apparaît un torse nu de femme coiffée d'un gibus défoncé et tenant dans les mains une casserole et une boîte à sardines de grandes dimensions. Orchestre : « Fascination », valse.

Le Temps. — « Les Faits divers »!

La scène s'éclaire. Un bureau. Un crucifix au mur. Le caissier.

C'est le samedi 11 février 1928, vers 16 heures. Dans son bureau, M. Félix de la Tajiada de Pérédès, caissier des Missions Catholiques de France, met en ordre sa comptabilité.

La pièce est sommairement meublée d'un bureau, de deux sièges, d'un coffre-fort. Au mur pend un grand crucifix de fonte.

D'un tiroir, M. de Pérédès vient de sortir deux larges portefeuilles bourrés de billets de mille.

Le soir commence à tomber. Cette fin d'après-midi de février est froide et triste.

M. de Péredès allume un bec de gaz au-dessus de son bureau.

Puis, tournant le dos à la porte d'entrée, il reprend l'examen de ses livres. Parfois, il plonge ses doigts mobiles et fins dans le portefeuille. Une sonnerie retentit; un visiteur. Le visiteur est entièrement enveloppé dans une cape enroulée qu'il retient en avant de son visage avec le bras gauche. Le caissier des Missions n'a pas besoin de se déranger. Il appuie sur un bouton électrique placé près de sa main. *M*

La porte s'ouvre sans bruit; un souffle d'air soulève les papiers.

Brusquement, l'ombre d'un crucifix grandit sur le mur devant les yeux exorbités par l'horreur de M. de Pérédès.

Le visiteur en frappant déroule sa cape; on reconnaît Mad Souri, en maillot. Projection violette sur elle, verte sur le caissier. Roulement de tambour, la scène reste éclairée, les personnages immobiles comme dans un tableau du Musée Grévin.

Et la mort s'abat sur M. de Pérédès.

L'ÉTERNITÉ. — Mais c'est l'assassinat de M. de Pérédès, le caissier des Missions Catholiques étrangères de la Compagnie de Jésus!

LE TEMPS. — Tu l'as dit, bouffie!

Le rideau tombe.

L'ÉTERNITÉ. — On a déjà vu ça dans toutes les revues. Maintenant passons à quelque chose d'absolument inédit :

« Les Maisons hantées »!

LE TEMPS. — Oh, par exemple, encore!

L'ÉTERNITÉ. — Tant pis.

Devant le rideau, deux personnages quelconques se tenant par la main, dos au public, considèrent avec terreur le milieu du rideau qui s'entr'ouvre, laissant passer deux mains en entonnoir devant une bouche chantant :

Oui, c'est moi la maison hantée
J' suis différente
Des maisons environnantes
Tous ceux qui n' croient pas sont athées
J' suis la maison hantée

C' qui bat à ma porte, c'est un cœur
En guis' de marteau
Comme il est tard comme il est tôt
Mes murs sont couleur de la peur
J' suis la maison hantée

Ceux qui m'habitent n'ont pas de bail
Trois six neuf treize
Ils s'électrisent sur leurs chaises
Lorsque entre l'armure d'écaille
J' suis la maison hantée

J' suis dans les bois très écartée
De mon jardin
Mes meubles craquent tout est châtain
Le lion rugit l'âne est bâté
J' suis la maison hantée

Les deux personnages sortent.

LE TEMPS. — « Les Passe-partout »!

Rideau. — Dix personnages courent en désordre et se heurtent, tendant des clefs à tour de bras. Le rideau retombe immédiatement.

L'ÉTERNITÉ. — Vive Freud, le grand savant viennois! Egarons-nous maintenant, s'il vous plaît, dans « les Sous-Bois »!

Six petites femmes sur la pointe des pieds, portant des branchages. L'Eternité et le Temps les pelotent. Elles sortent de l'autre côté. Orchestre : « Old man river ».

Décoration

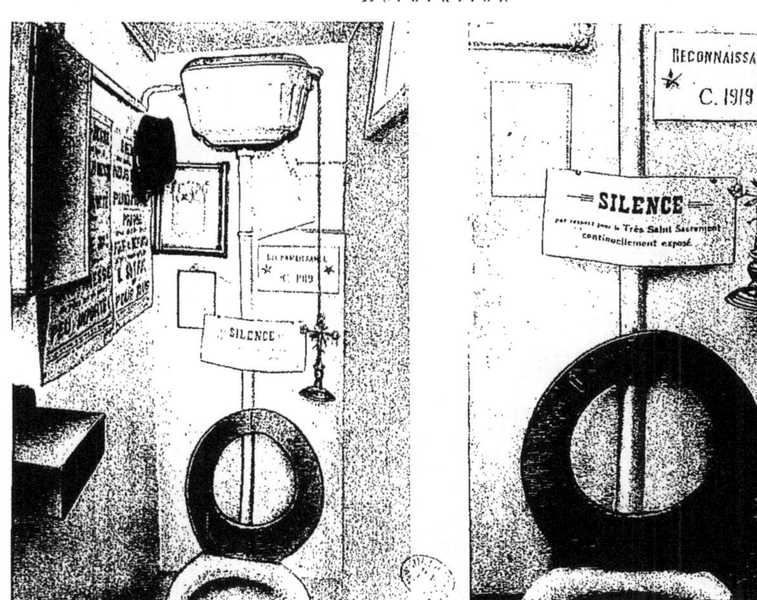

Photo Man Ray

Chez les poètes Sadoul et Thirion

Photo Man Ray

Détail

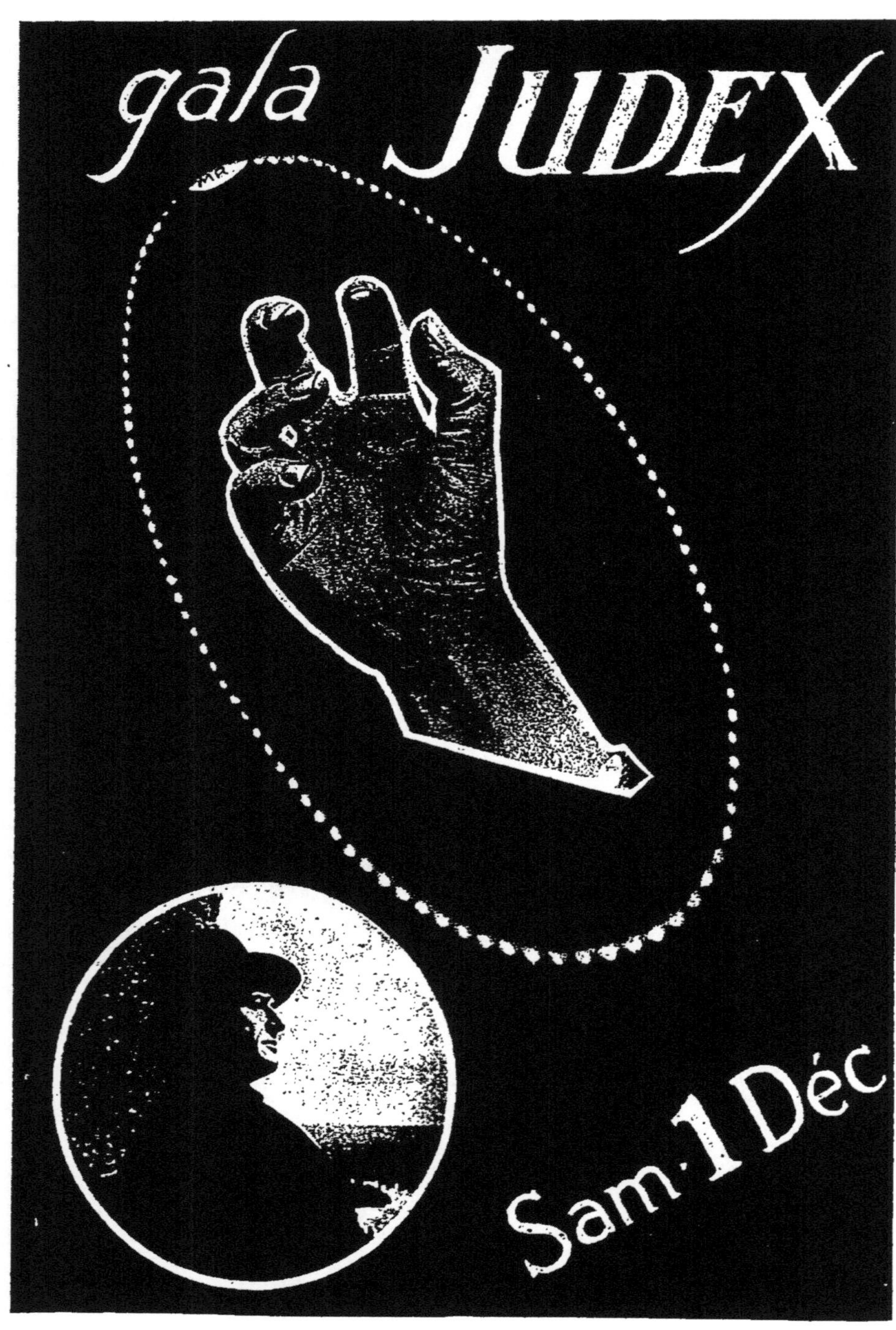

Cette représentation n'eut pas lieu...

Couverture du programme par Man Ray

Les Vampires

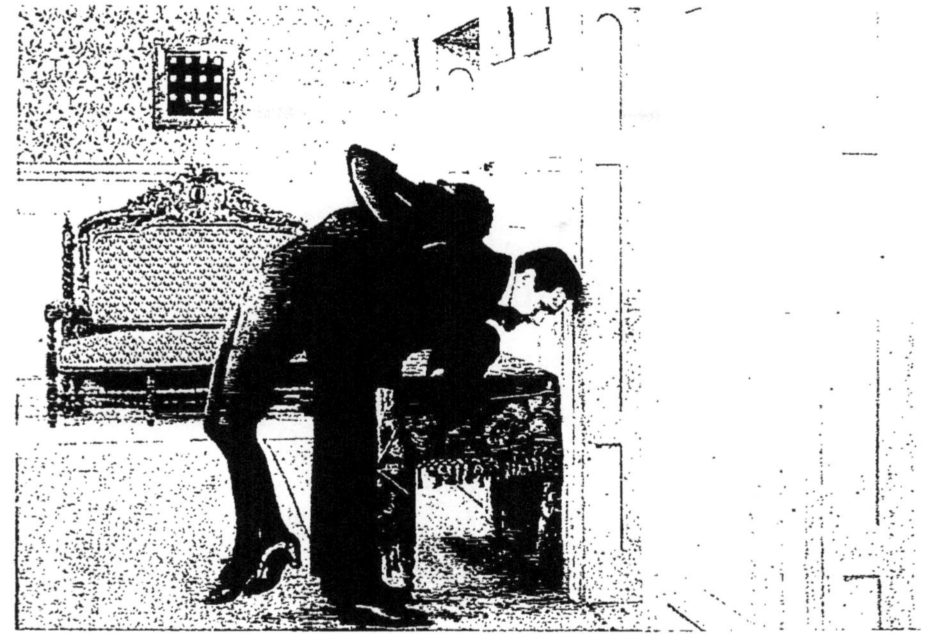

Pendant la guerre

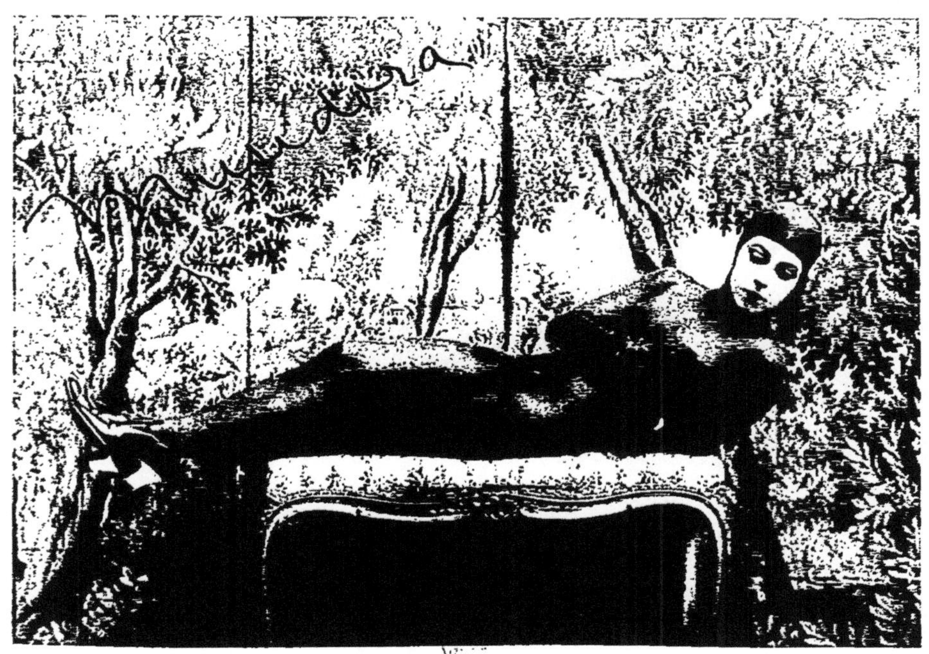

Ce que nous aimions

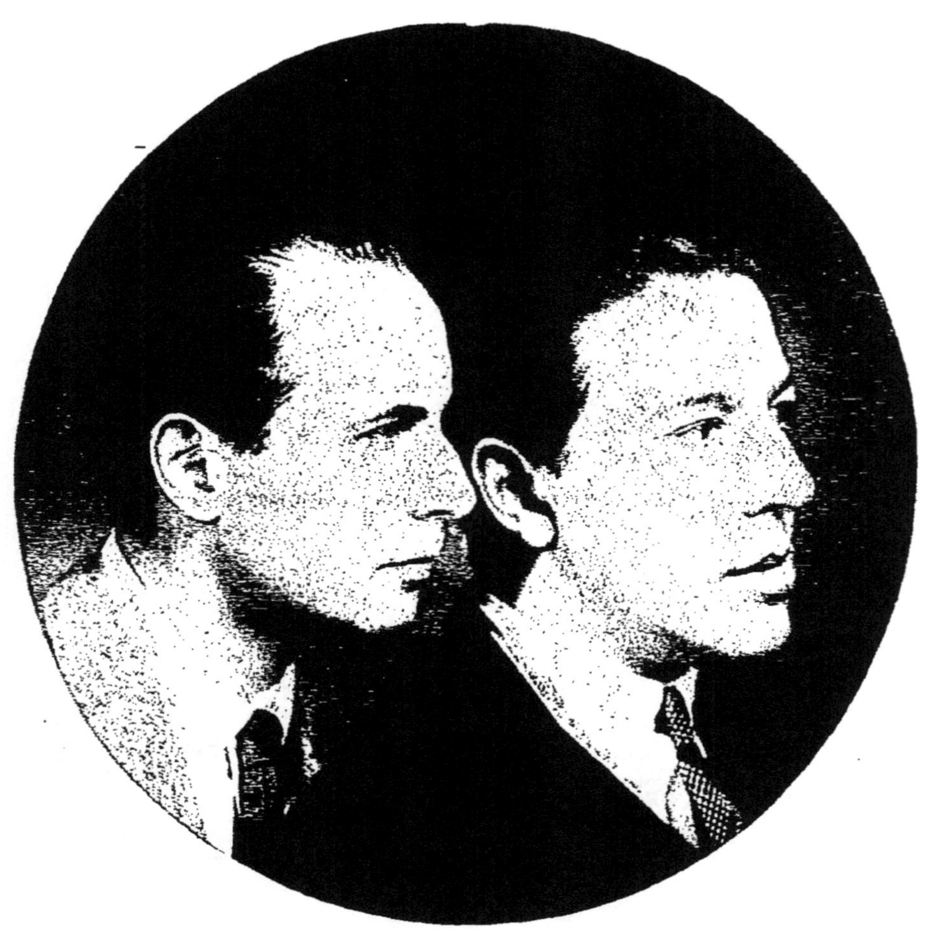

Photo Man Ray

Louis Aragon et André Breton

LE TEMPS. — Ma chère, je t'ai gardé pour la bonne bouche :
« Les Catastrophes intimes »!

Par une corde, Mad Souri descend sur la scène en robe du soir, avec de grands mouchoirs or et argent dans les mains.

MAD SOURI. — Je suis la femme. Que me veut-on?

Le rideau s'ouvre. On voit sur toute la scène des personnages en proie au plus grand désespoir, dans des postures variées.

Danse de la catastrophe intime. Air : « Anything but love », par Mad Souri et toute la troupe.

L'ETERNITÉ. — Mais dis-moi, est-ce que je ne reconnais pas dans cette belle personne l'assassin de ce jésuite, comment l'appelais-tu?

LE TEMPS. — Ça se passe comme ça dans les revues. *(Se tournant vers Mad Souri)* Ne voudriez-vous pas, Mademoiselle, mettre le piquant de l'actualité dans cette revue de fin d'année?

MAD SOURI. — Mais comment donc, grand-père! *(Au public)*
« Les Articles 70 et 71 »!

Entrent les articles par les deux côtés : petites femmes masquées d'un loup noir, entièrement cachées par de grandes pancartes portant leurs numéros, marchant de côté et se rejoignant au milieu de la scène pour se prendre par le bras. Mad Souri vient devant elles : scène de séduction d'un article après l'autre, baisers rapides; les deux articles se querellent, jaloux, et, ce faisant, se disjoignent. Triomphe de Mad Souri, au milieu. Les articles, en se retournant, montrent au public leur nudité.

LE SOUFFLEUR *jaillissant de son trou.* — Exact au rendez-vous, Mad Souri! *(Il se jette sur elle et, face au public, commence à l'étrangler.)*

On reconnaît Simon. Le Temps et l'Eternité, lâchant leurs insignes, lui arrachent sa victime.

MAD SOURI *revient vers Simon, le cou tendu.* — Encore! encore!

Il l'étrangle longuement. Obscurité.

RIDEAU

TROISIÈME TABLEAU

La scène représente : pour les deux tiers gauches la salle du Conseil du Grand-Orient de France; pour le tiers droit une terrasse de café. Au lever du rideau, il fait jour à la terrasse du café, il fait presque nuit dans la salle du Grand-Orient de France où, à la lueur d'une bougie, un domestique balaye. A la terrasse du café, deux groupes de consommateurs, l'un de trois, l'autre de quatre personnes, tables vides. Passe un camelot criant les journaux du soir.

LE CAMELOT. — « Le Crépuscule », « la Nuit », « le Marasme »! *Plusieurs consommateurs l'appellent :*

« Psst »... *(Il s'approche de la table de trois :)* « La Nuit », « le Marasme », édition sportive, beaux crimes en perspective.

UN CONSOMMATEUR. — « Le Crépu ». *(Il paye.)*

UN AUTRE. — « La Nuit ». *(Il paye. Le camelot s'éloigne :* « Le Crépuscule »!

Une femme entre, chaussettes, et s'assied à la table de quatre.

LA FEMME. — Alors, mes petits hamadryas, on blanchit?

PREMIER CONSOMMATEUR. — Bonjour, Marie. *(Au troisième :)* Je te présente Marie.

DEUXIÈME CONSOMMATEUR. — Pour se faire chier, on se fait chier.

TROISIÈME CONSOMMATEUR. — T'en fais pas, plus ça change...

QUATRIÈME CONSOMMATEUR. — ... plus c'est la même chose. *(Ils rient à gorge déployée.)*

A l'autre table :

CINQUIÈME CONSOMMATEUR *(lisant le journal).* — C'est du propre! Encore un satyre de dix ans! Voyons tout de même le communiqué. « Rien à signaler sur l'ensemble du front mondial. » C'est d'un mortel, cette guerre!

SIXIÈME CONSOMMATEUR. — Depuis que la Société des Nations a dû accepter le mot d'ordre de la guerre perpétuelle, il semble que tout aille de mal en pis.

CINQUIÈME CONSOMMATEUR. — Vous y comprenez quelque chose, vous, à cette idée de la guerre perpétuelle?

SIXIÈME CONSOMMATEUR. — Je vous ai dit cent fois, mon cher, que c'était pour éviter de nouvelles guerres. La guerre, autrefois, c'était une épidémie. On a réussi à la faire passer à l'état endémique. Les nations, comme des organismes, se sont inoculé la guerre pour en limiter les effets. C'est, somme toute, une géniale généralisation des idées de Pasteur.

CINQUIÈME CONSOMMATEUR. — C'est vaccinant!

SIXIÈME CONSOMMATEUR. — Que nous réserve 1940? 1939 a été désastreux. Vingt et un ans déjà depuis ce qu'on appelait si drôlement la Grande Guerre! Faut-il regretter les chevaleresques combats des tranchées ou leur préférer les peu glorieuses exterminations immobiles d'aujourd'hui? Voilà la question.

A l'autre table :

MARIE. — Mon amant m'a donné un éléphant. Ça me fait des ennuis avec ma concierge.

Simon entre et s'assied à une troisième table.

SIMON. — Garçon!

Le garçon sort d'une trappe.

LE GARÇON. — Monsieur?

SIMON. — Une absinthe!

PREMIER CONSOMMATEUR. — C'est aujourd'hui qu'au Grand-Orient, on reçoit l'explorateur Simon.

MARIE. — Parlez-moi d'un homme, celui-là. On dit qu'il a vécu avec les requins. Comment déjà vous appelez son île?

QUATRIÈME CONSOMMATEUR. — Pinaki, vingt kilomètres carrés, située au Nord-Est de l'archipel Touamotou. Il ne faut pas avoir froid aux yeux pour rester pendant des mois seul au milieu du Pacifique sur un îlot de corail, à ne se nourrir que de poissons volants, passant le temps au fond des mers à la recherche d'un trésor peut-être illusoire. Le courage n'est pas forcément récompensé.

MARIE. — Ce trésor, pourquoi l'appelle-t-on le Trésor des Jésuites?

DEUXIÈME CONSOMMATEUR. — Parce que ce sont les jésuites qui l'ont perdu vers 1880 dans un malencontreux naufrage à la suite duquel leur puissance fut sérieusement menacée.

TROISIÈME CONSOMMATEUR. — C'est ce qui a permis le développement de la Franc-Maçonnerie qui, après avoir été longtemps une société secrète, a fini par s'emparer du pouvoir en France, en Tchéco-Slovaquie et en Amérique.

DEUXIÈME CONSOMMATEUR. — Elle y a perdu de son mystère, mais elle y a gagné de l'autorité.

A l'autre table :

SXIÈME CONSOMMATEUR *(toujours lisant)*. — Il n'était que temps. Le Parquet a retenu la plainte introduite par le gouvernement contre la société de psychanalyse de France.

CINQUIÈME CONSOMMATEUR. — Ces gens-là sont un véritable danger public.

SEPTIÈME CONSOMMATEUR. — Des érotomanes!

SIXIÈME CONSOMMATEUR. — S'ils n'étaient que cela! Ils minent le moral du pays et leur action sur les enfants est tout bonnement scandaleuse.

CINQUIÈME CONSOMMATEUR. — Si on les laissait faire, il n'y en aurait bientôt plus, des enfants.

SIXIÈME CONSOMMATEUR. — Notre sympathique député de Paris, M. Dunois-Crancel, vient d'ailleurs de déposer un projet de loi contre les menées psychanalytiques qui, s'il passe, mènera ces canailles tout droit au lit électrique.

SEPTIÈME CONSOMMATEUR. — C'est encore trop d'humanité. Je regrette pour eux la guillotine. Dire qu'on a poussé la douceur en France jusqu'à surenchérir sur la chaise électrique! Maintenant les condamnés à mort n'ont plus seulement le droit de s'asseoir pour mourir, il se couchent. Bientôt il leur faudra des actrices!

Le garçon sort à nouveau de la trappe et apporte à Simon l'absinthe commandée.

SIMON. — Vous y avez mis le temps. Vous avez des timbres?

LE GARÇON. — Oui Monsieur, et des nouveaux. Du centenaire.

SIMON. — Du centenaire de qui?

LE GARÇON. — Monsieur ne sait pas?

SIMON. — Ça ne fait rien, mon ami, un centenaire chasse l'autre. Pouvez-vous me dire où se trouve la place du Grand-Orient? Il y a si longtemps que j'ai quitté Paris.

LE GARÇON. — Mais, Monsieur, c'est l'ancienne place de la Concorde! Elle s'appelle ainsi depuis qu'on a remplacé les statues des villes de France par de petites pyramides triangulaires.

SIMON. — Mais alors, quel est l'immeuble où siège le Grand-Orient de France?

LE GARÇON. — L'Orangerie, Monsieur. *(Simon paye sa consommation. Le garçon s'éloigne. Simon se lève.)*

MARIE *(très haut)*. — Voulez-vous commander la pâtée pour mon éléphant.

SIMON *(devant la scène, au public).* — Dire que j'étais fait pour vivre à la campagne, dans une petite maison toute simple, avec la femme que j'aime.

Il traverse la scène pour se rendre dans la partie gauche qui s'éclaire. Avant d'entrer dans le Grand-Orient, il rencontre le domestique qui en sort, traînant son balai, et se dirigeant vers la droite.

SIMON. — Le Grand-Orient de France, s'il vous plaît?

LE DOMESTIQUE. — Par ici. *(Il sort à droite.)*

Simon pénètre dans la partie gauche. Les dignitaires envahissent la scène de tous côtés. Barbes, moustaches, costumes inélégants, grandes écharpes. Le Très Puissant Souverain Grand Commandeur, deux ou trois Compagnons avec tablier. Au fond, un siège en haut de trois marches.

Le T.·. P.·. S.·. G.·. C.·. y monte.

PREMIER CHEVALIER KADOSCH *(à Simon).* — Qui êtes vous?

SIMON. — Simon, Prince de Royal Secret, et comme le malade reçoit la santé du médecin qui lui fait compter 31, 32, 33 dans les grandes affections du système respiratoire, de même j'attends de vous l'accession au fatidique 33, ce chameau du nombre, moi qui dans les prisons de 1917 ai reçu le degré 31 et au bagne, en 1928, le degré 32.

L'Illustre Grand Capitaine des Gardes remet une épée à Simon.

L'I.·. G.·. C.·. DES GARDES. — Déchaussez-vous.

Simon prend l'épée, se déchausse, et les souliers à la main :

SIMON. — Frédéric.

L'I.·. G.·. C.·. DES GARDES. — De Prusse. *(Il le fait avancer jusqu'au Trône du Très Puissant Souverain Grand Commandeur.)* Rechaussez-vous. *(Simon se rechausse.)*

LE T.·. P.·. S.·. G.·. C.·. — Illustre Grand Capitaine des Gardes, pourquoi êtes-vous habillé de noir et portez-vous une épée?

SIMON. — Je m'habille en noir et je porte une épée comme celui qui s'habille en rouge porte la tête d'Holopherne, la merveilleuse boule à crinière des perruquiers.

LE T.·. P.·. S.·. G.·. C.·. — Pourquoi le drapeau de l'Ordre est-il tenu par un squelette?

SIMON. — Parce que les porte-drapeaux sont toujours des squelettes, parce qu'un drapeau est un linceul, parce que le vent n'a pas de patrie!

LE T.·. P.·. S.·. G.·. C.·. *(s'adressant à Simon).* — Illustre Souverain Grand Inspecteur Général nouvellement reçu, racontez-nous comment vous avez découvert le Trésor des Jésuites.

SIMON *tire un papier de sa poche et lit :*

Très Puissant Souverain Grand Commandeur, voilà :
L'Uuruguay fatigué des fils du Loyola
Comme Lautréamont des Grandes Têtes Molles
Jetait le Christ à bas du mur de ses écoles.
C'était en 1880. Un voilier
Prit le large, arborant les cornes du Bélier.

La Toison d'or, c'était le Trésor des Jésuites,
Les joyaux arrachés dans les villes détruites
A nos frères Incas, à nos sœurs du Soleil.
L'or et le quartz tintaient à bord comme un réveil.
Les prêtres sur le pont jouaient avec les crânes
De cristal et la voile ainsi que leurs soutanes
Etait noir et le ciel devint noir à son tour...
Mais vous savez le reste et que l'abîme un jour
Dans ses bras de corail retint le brick esclave.
On chercha. C'est à Dieppe, un soir, dans une cave,
Pendant la guerre. In extremis un inconnu
Confesse un vieux marin qui n'a rien retenu.
Il trouve sur le mort une carte des Iles,
L'emporte, mais s'endort en des mains trop agiles.

Malheur sur cette terre à qui croyait choisir
La cause du mystère et celle du plaisir!
Moi Simon, je n'ai fait que tenir dans ce drame
Le rôle qu'ont voulu les beaux yeux d'une femme.
J'ai fui le bagne, aidé de ce regard divin.
A quoi bon rappeler alors ce qu'il advint?
Un frisson parcourut la Marquise et l'Hébride
Quand les desperados surent qu'une Floride
Dormait à Pinaki sous les flots ricaneurs.
Les marchands conspiraient contre les Gouverneurs...
Pour avoir surveillé le repli d'or des vagues
Où le martin-pêcheur allait voler des bagues,
On vit, dans un costume étriqué, vers l'Hadès
Descendre à pas comptés Monsieur de Pérédès.
Les Pères de Jésus, des doigts de l'homme-cible,
Laissèrent s'envoler au vent de l'impossible
La flamme d'un papier comme le Saint-Esprit.
Moi, pourtant, j'écoutais dans l'ombre Mad Souri :
« Chevalier de la Barre, en tes rêves de bronze,
Que fait 70 avec 71? »...

Le T.·. P.·. S.·. G.·. C.·. (l'interrompant). — Illustre Souverain Inspecteur Général nouvellement reçu, vous paraissez bien fatigué. Nous apprécions à sa valeur la modestie de votre discours. *(Se tournant vers l'assemblée)* Vous savez, il a eu les fièvres. *(A Simon)* C'est donc grâce aux renseignements trouvés rue de Grenelle au siège de la Compagnie de Jésus, que vous avez pu, pendant onze nouvelles années d'épreuves, puisque nous voilà en 1939, vous rendre maître du Trésor des Iles Touamotou. Nous vous dispensons des quelques formalités accessoires, mais veuillez simplement laver les mains qui ont écrit les beaux vers que nous venons d'entendre dans cette cuvette qui contient du plomb fondu.

L'Illustre Grand Capitaine des Gardes passe au cou de Simon un licol qu'il tient de la main gauche, tandis qu'on lui tend une torche qu'il saisit de la droite. Simon marche, ainsi conduit en laisse, vers le vase placé sur un braséro qui occupe le milieu de la scène. Musique : « La Flûte enchantée ». Simon se lave les mains.)

Le T.·. P.·. S.·. G.·. C.·. — Maintenant nous sommes tous préparés à recevoir le Très Sinistre Illustre Inconnu Autorité Suprême.

Premier Chevalier Kadosch. — Le Très Sinistre...?

Deuxième Chevalier Kadosch. — Illustre Inconnu...?

Troisième Chevalier Kadosch. — Autorité Suprême?

Le T.·. P.·. S.·. G.·. C.·. — Oui, le Très Sinistre Illustre Inconnu Autorité Suprême, Mario Sud.

Premier Chevalier Kadosch. — Celui dont personne n'a jamais été admis à contempler le visage?

Deuxième Chevalier Kadosch. — Mario Sud? Le Grand Klephte?

Troisième Chevalier Kadosch. — Celui qui passe pour l'Antéchrist? Celui en qui l'on s'accorde à voir la réincarnation de Joseph Balsamo et de Cagliostro?

Quatrième Chevalier Kadosch. — Celui qu'annonce le quatrième livre de Corneille Agrippa?

Cinquième Chevalier Kadosch. — Celui qui, dans les caves du *Lion de Faïence*, a retrouvé le secret de la pierre philosophale, perdu depuis Nicolas Flamel?

Premier Chevalier Kadosch. — Celui qui, en pleine affaire Dreyfus, mit dans la main d'Emile Zola la plume qui écrivit : *J'accuse*?

Deuxième Chevalier Kadosch. — Celui qui recueillit les dernières paroles de Bolo Pacha?

Troisième Chevalier Kadosch. — L'Antipape Noir? Le Grand Tournesol?

Quatrième Chevalier Kadosch. — Mario Sud, le Vieux de la Montagne?

Le T.·. P.·. S.·. G.·. C.·. *frappe la table de son maillet.*

Le T.·. P.·. S.·. G.·. C.·. — En attendant, recevez, Souverain Inspecteur notre Nouvel Illustre Frère, ce compas d'honneur, preuve du suprême grade où vos mérites et nos suffrages vous ont fait parvenir.

Tous sortent des poignards et les brandissent criant : Un pour tous, tous pour un!

Le Grand Capitaine des Gardes s'approche de Simon, le pied sur la première marche et lui remet un écrin.

Simon. — J'accepte ce présent dont la signification m'échappe. Il tiendra bonne place dans la panoplie bizarre que je compte léguer au Musée des Invalides, panoplie où figurent déjà l'épingle enfoncée, pendant une nuit de 1917, dans l'arbre de vie d'un voyageur endormi sans méfiance auprès d'une femme, le crucifix qui servit à assommer M. de Pérédès et où j'espère fixer un jour, comme un papillon nocturne, le maillot d'une femme dont les ordres incompréhensibles ont toujours dirigé ma vie. *(Orchestre : « La Flûte enchantée ». On frappe onze coups dans la coulisse.)*

Le T.·. P.·. S.·. G.·. S.·. *descend de son siège.*

Le T.·. P.·. S.·. G.·. C.·. — Mario Sud est parmi nous.

Obscurité. Les Francs-Maçons ont fait avec leurs poignards une voûte sous laquelle arrive du fond de la scène Mario Sud drapé dans une grande cape rouge et masqué.

Eclair et tonnerre.

La musique qui jouait en sourdine s'arrête. Mario Sud arrache son masque et ouvre sa cape. C'est Mad Souri, en maillot rouge, parée de corail.

Orchestre : « Mimile» .

Mad Souri se couche par terre et chante.

Une draperie se soulève dans le fond laissant voir des portées musicales de grande dimension, où s'inscrivent en notes d'or les six dernières mesures du refrain de « Mimile » avec les paroles.

Simon s'agenouille devant elle et l'embrasse. Le couple est peu à peu dissimulé par les tables de café qui, depuis quelque temps, ont commencé à envahir la partie gauche de la scène. Les Francs-Maçons s'attablent et se mêlent aux consommateurs.

RIDEAU

Musidora vient saluer.

MUSIDORA. — Avenir, avenir! Le monde devrait finir par une belle terrasse de café.

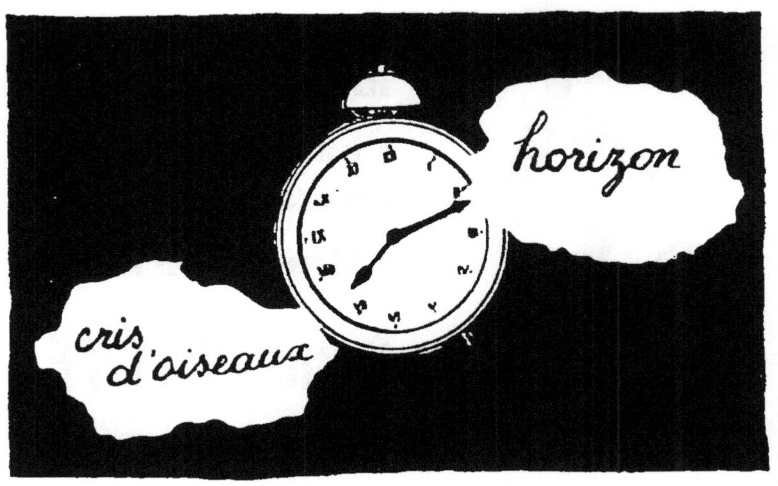

René Magritte

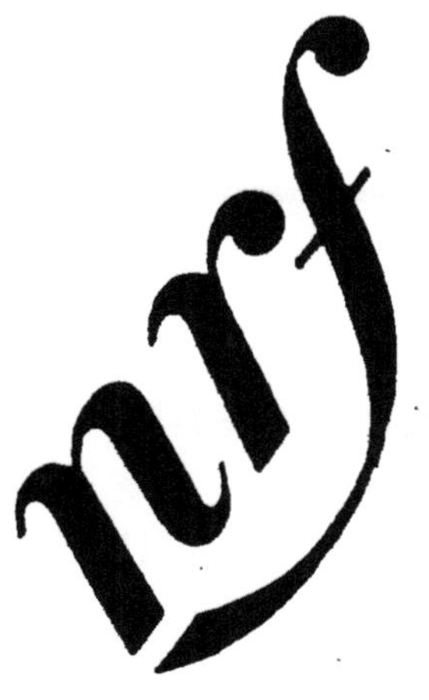
nrf

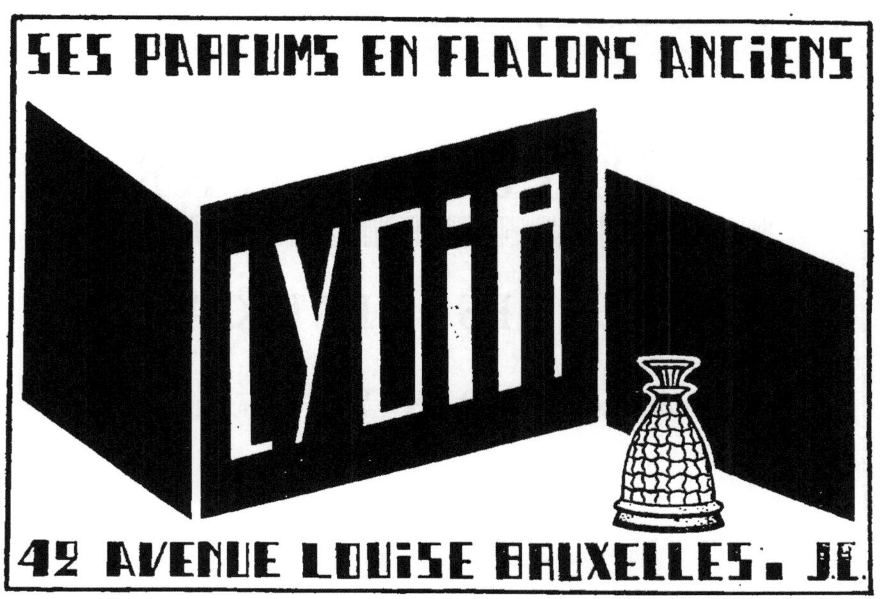
SES PARFUMS EN FLACONS ANCIENS
LYDIA
42 AVENUE LOUISE BRUXELLES. J.E.

GALERIE "LE CENTAURE"
62 AVENUE LOUISE-BRUXELLES TÉLÉPH. 888.68

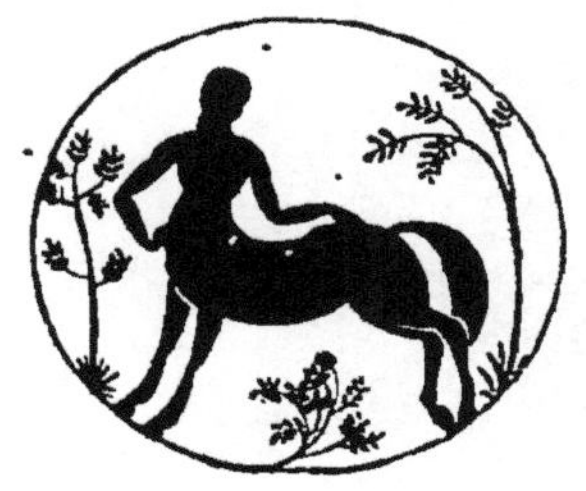

GALERIE D'ART CONTEMPORAIN

ŒUVRES DE :

HANS ARP
GIORGIO DE CHIRICO
MAX ERNST
RENÉ MAGRITTE
AUG. MAMBOUR
ANDRÉ MASSON
JOAN MIRÓ

Chronique Artistique "LE CENTAURE"
paraissant chaque mois d'octobre à juillet
4 FR. LE NUMÉRO — ABONNEMENT 40 FR.
Etranger 10 Belgas

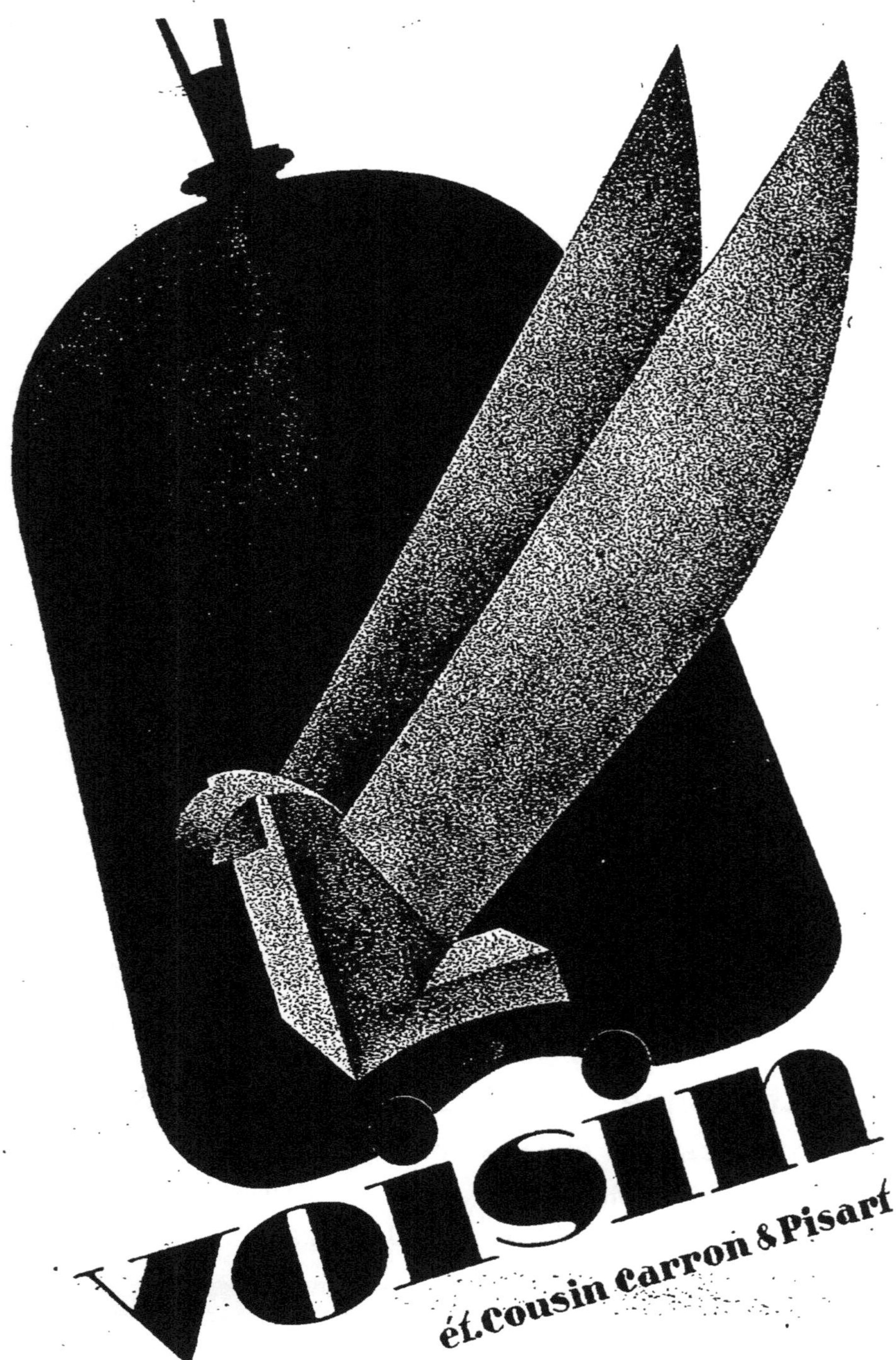
voisin
ét. Cousin Carron & Pisart

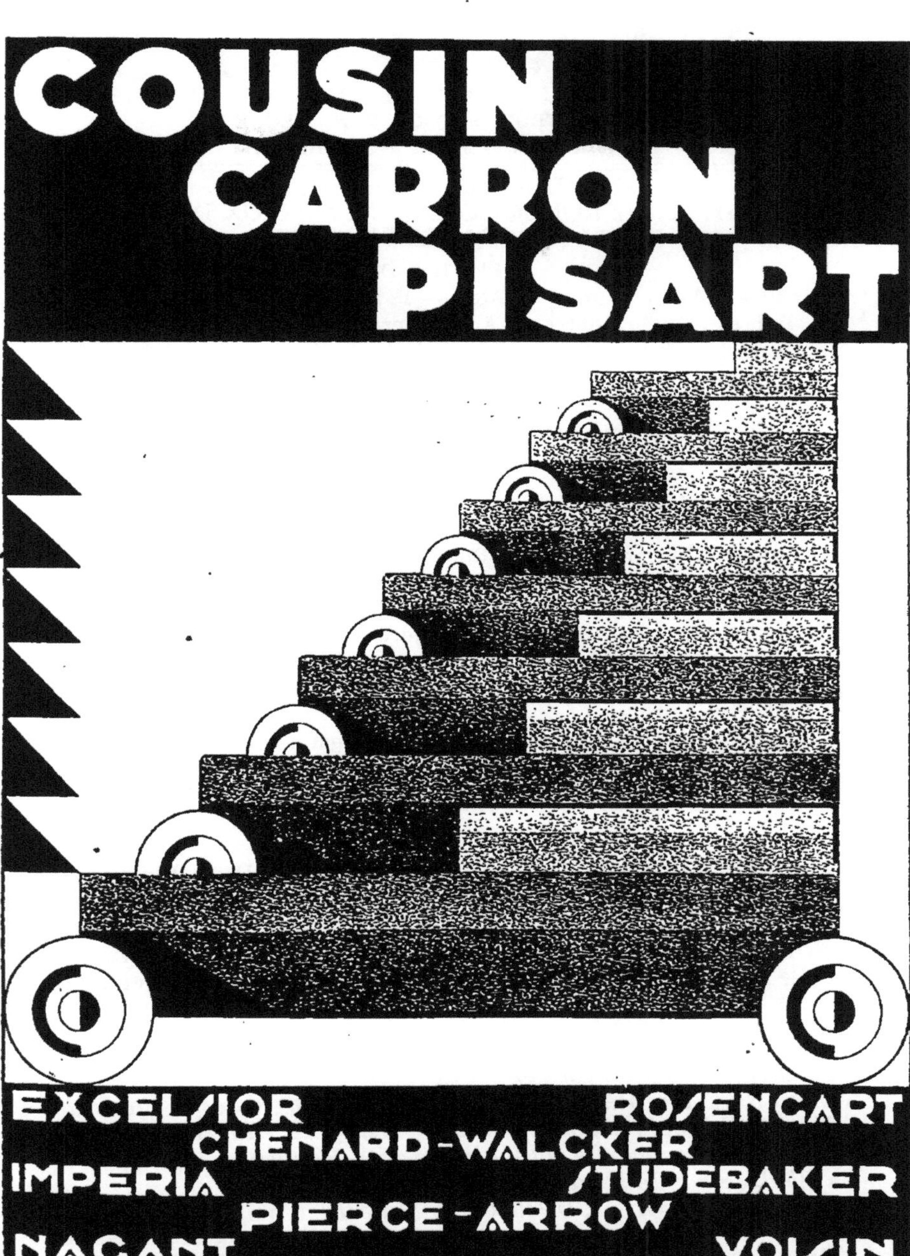

ADMINISTRATION & MAGASINS D'EXPOSITION

52, BOULEVARD DE WATERLOO TELEPH. 106,51 - 207,35 - 207,36

B R U X E L L E S

“VARIÉTÉS”

REVUE MENSUELLE ILLUSTRÉE DE L'ESPRIT CONTEMPORAIN

DIRECTEUR : P.-G. VAN HECKE

Deuxième année depuis le 15 mai 1929

Dans chaque numéro :

64 A 72 REPRODUCTIONS — NOMBREUX DESSINS

56 A 64 PAGES DE TEXTE

PHOTOS DE :

Bérénice Abbott — Antony — Atget — F. Bruguière — Anne Biermann — A. Dubreuil — E. Gobert — André Kertesz — Germaine Krull — Eli Lotar — Man Ray — H. Martinie — E. L. T. Mesens — L. Moholy Nagy — Mylander — A. Renger Patszch — Robertson — Svichi Sunami — Maurice Tabard, etc, etc.

——— EXTRAITS DES MEILLEURS FILMS ———

DESSINS DE :

Hans Arp — Jozef Cantré — Marc Chagall — Pierre Charbonnier — Jean Crotti — Gustave de Smet — Jean de Bosschère — Pierre de Vaucleroy — Suzanne Duchamp — Raoul Dufy — Marc Eemans — James Ensor — Max Ernest — Ex — Floris Jespers — Léo Gestel — René Guiette — Halicka — W. Kandinsky — Paul Klee — G. Knutson Tzara — Fernand Léger — Laglenne — G. Lebrun — André Lhote — Jean Lurçat — René Magritte — Aug. Mambour — Marcoussis — Jacques Maret — Frans Masereel — Joan Miro — Permeke — Picasso — Valentine Prax — Ramah — Ed. Scauflaire — L. Spilliaert — Stobbaerts Marcel — Survage — Tchimoukow — J. Timmermans — Edgar Tytgat — Fritz van den Berghe — G. van de Woestijne — Roger van Gindertael — Ossip Zadkine, etc, etc.

——— DOCUMENTS CURIEUX ET INEDITS ———

CHRONIQUES REGULIERES DE :

Pierre Mac Orlan — Henri Vandeputte — Paul Fierens — Denis Marion — Pierre Courthion — André Delons — Franz Hellens — Nico Rost — André de Ridder — P.-G. van Hecke — Albert Valentin — E. L. T. Mesens — Robert de Geynst — Gille Anthelme — J. Bernard Brunius — Jacques Rèce, etc., etc.

EN COURS DE PUBLICATION PENDANT CETTE ANNEE :

« TRIPES D'OR » : pièce en 3 actes de Fernand Crommelynck,
« COLLIGWOG » : un roman de Sacher Purnal,
LETTRES DE PAUL LÉAUTAUD à Paul Valéry, Rachilde, Marcel Schwob, Adolphe Paupe, Remy de Gourmont, Marie Laurencin, Apollinaire, André Rouveyre, etc.
« BYBLIS » : de Jean Giono,
« LE CŒUR A L'OUVRAGE » : d'Albert Valentin, etc., etc.

Douze numéros du plus moderne, du plus vivant et du plus complet des magazines pour **100 francs** l'an pour la Belgique, **28 belgas** pour l'étranger.

Direction-Administration : 11, avenue du Congo, **Bruxelles**.
Dépôt exclusif à Paris : Librairie JOSE CORTI, 6, rue de Clichy.
Dépôt général pour la Hollande : N. V. VAN DITMAR, Schiekade, 182, Rotterdam et chez tous les bons libraires

Le 15 de chaque mois — Numéro spécimen sur demande

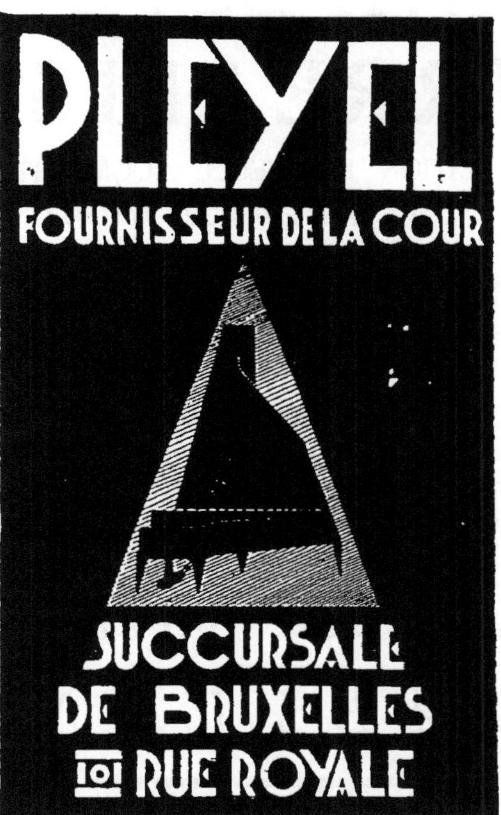
PLEYEL
FOURNISSEUR DE LA COUR
SUCCURSALE
DE BRUXELLES
101 RUE ROYALE

17579. — Imp. des Anc. Etabl. Aug. Puvrez (S.
44, rue de l'Hôpital, Bruxelles (Belgi

www.ingramcontent.com/pod-product-compliance
Ingram Content Group UK Ltd.
Pitfield, Milton Keynes, MK11 3LW, UK
UKHW020914180726
13838UKWH00002B/548